はじめてでも、

とびきりおいしく

発酵料理のきほん

神楽坂発酵美人堂

清水美紀

朝日新聞出版

け!

発酵料理生活は3つの簡単ルールだけ!

発酵料理を毎日取り入れたいけれど、敷居が高いような気がしていませんか? 実はとっても簡単! ルールを押さえて手軽に発酵料理生活を送りましょう。

1

塩

は

塩麹

料理を作るときの基本調味料。塩味をつける、酸味を和らげるなどの調理をする際に、塩の代わりに「塩麹」を使いましょう。旨味アップに大活躍。

いつもの調味料を発酵調味料に置き換え

2

しょうゆ

は

醤《ひしお》

しょうゆは大豆、小麦、塩を発酵熟成した基本調味料。旨味、甘味、コクづけに、ひしお麹にしょうゆを加えて発酵させた「醤」を代わりに使って。

3

砂糖

は

甘酒

甘味づけや旨味、コク、香りづけの役割のある砂糖の代わりには「甘酒」を。甘味だけでなく、コクや旨味がアップ。甘さ控えめなのがうれしい。

れば、調理も簡単！ 使い方は3つだけ！

発酵漬けおき3つのメリット

①旨味がアップする
②保存性が高まる
③やわらかくなる

こんな人にピッタリ！

- トレーニングで肉をたくさん摂る人
- 遅い時間に夕食（夜食）を食べる人
- 加齢や病気で消化能力が落ちている人
- 消化機能が未発達な子ども

1 漬ける

麹の発酵調味料「塩麹」「醤」「甘酒」などを使って漬けることで発酵させる「発酵漬けおき」は本当におすすめ。食材に発酵調味料をまぶして一晩漬けるだけで旨味がアップ。これは、麹の酵素・プロテアーゼが食材のタンパク質を旨味成分であるアミノ酸に分解するため。

また、菌の拮抗《きっこう》作用でバリアができ、腐敗菌が入りにくい状態になるため、保存性が高まります。また、麹の酵素が肉繊維を分解するため、やわらかくなるとともに、消化しやすくなり、腸の負担が減るので胃腸の弱い人にもおすすめです。

2 和える

下ごしらえをした野菜や魚介などの食材に「塩麹」「醤」「甘酒」を加えて混ぜるだけで、手軽においしい和え物ができます。和え衣に加えたり、ドレッシングに加えたりなど、使い方は自由自在。発酵調味料の酵素の働きで旨味がグンとアップします。

3 味つける

基本調味料の代わりに、塩味、旨味、甘味などの味つけに発酵調味料を使ってみましょう。下味をつけたり、炒め物や煮物の味つけに、また、ソースにも発酵調味料を取り入れれば、シンプルな料理でも、味に深みを与え、極上のおいしさに。

発酵調味料を作って毎日の食生活に取り入れるだけ。実は丁寧な暮らしは簡単でした。

「発酵調味料を自分で作って、丁寧な暮らしを」。それは一見、とてもハードルが高くて意識の高い人だけのもの、と思われるかもしれません。でも、実は「混ぜるだけでできる」「時短になる」「おいしくてキレイになれる」としたら……？

11年前の第一子妊娠をきっかけに、長年見て見ぬふりをしてきたアレルギー体質の改善を決意。その第一歩として腸活をスタートし、発酵食品と出会いました。その魅力に夢中になり、教室を開いてから6年目。今でもなお、そのおいしさと便利さ、面白さに感心する毎日です。「発酵」には時間がかかります。菌などの微生物たちが作る発酵調味料は、早いもので6時間。長いもので

は数年かかります。その時間の中で旨味や甘味、食欲をそそる香りや豊富な栄養素が生まれるので、料理に使うと、シンプルなのに手間をかけた味になるのです。何かと忙しい毎日の中で、食事がもたらしてくれる喜びは大きいもの。天然の旨味調味料である発酵調味料に季節の食材を合わせることで、食事を作る負担の大きさ、手抜き料理で済ませることの後ろめたさなどがすべて払拭される感動を、少しでも皆さんと共有できたらうれしいです。そして、その後に「キレイ」がついてくることも。

神楽坂発酵美人堂　清水紫織

もくじ

Part.1

旬をいただく 春・夏・秋・冬の 発酵献立

- 作り方の火加減は、特に記載のない場合、中火で調理してください。
- 旬は地域によって差があることがあります。
- 保存期間は目安です。住環境、季節、室温、湿度などの条件によって、保存期間に差がでることがあります。

Part.2
基本の発酵調味料で作る肉・魚介・野菜のベストおかず

Part.3
もっと楽しむ! 発酵調味料&ワンランク上のおかず

この本の使い方

- 計量単位は大さじ1＝15mℓ、小さじ1＝5mℓ、米1合＝180mℓです。
- 「少々」は小さじ1/6未満を、「適量」はちょうどよい量を入れること、「適宜」は好みで必要があれば入れることを示します。
- 野菜類は、特に記載のない場合、皮をむくなどの下処理を済ませてからの手順で説明しています。

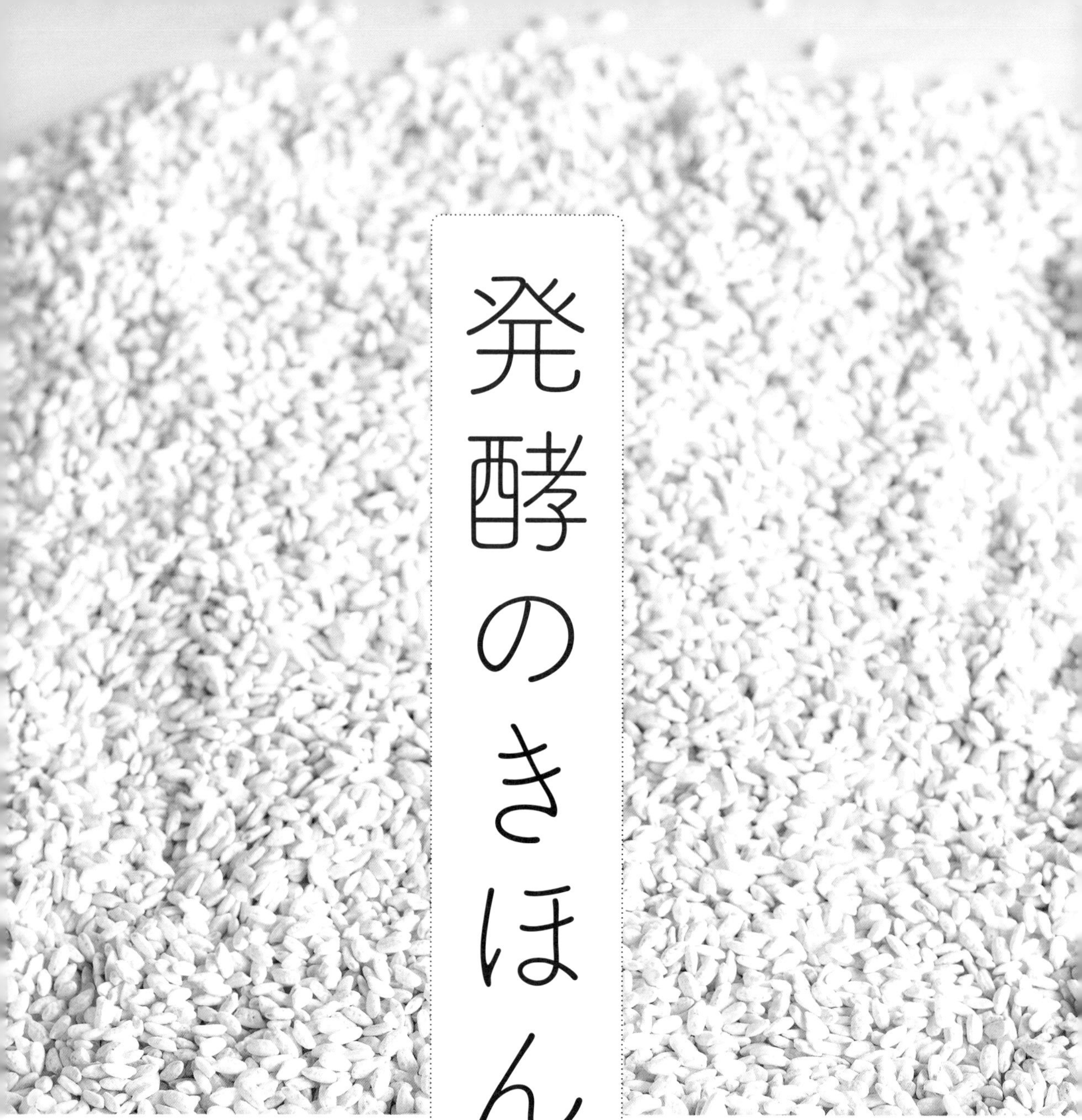

発酵のきほん

保存性や栄養価を高めるほか、腸内環境を整える、抗酸化作用など、健康、美容効果をもたらすものとして「発酵」が注目されています。発酵といっても種類は様々で、納豆やぬか漬け、キムチ、チーズなどの「発酵食品」や、日本酒、ワインなどの「発酵飲料」、しょうゆ、みりんを始め、塩麹、醤、甘酒などの「発酵調味料」などがあげられます。これらの発酵食品は、目に見えない微生物が持つ酵素が作用し、食品の糖質やタンパク質を分解することで、新しい特性を持つ食品を作り出します。すなわち、これが「発酵」です。次のページで、わかりやすく解説しましたので理解を深めてみてください。

『発酵』とは

私たちの周りには、目に見えない小さな生き物(微生物)たちがたくさんいます。彼らはあまりに小さいため、餌を自分たちのサイズに合うよう小さく小さく分解してから食べます。その際にいろいろな副産物をお土産として置いていくのです。そのお土産によって、食べ物はビフォーとアフターで変化してしまいます。この変化を「発酵した」と言います。でも、これはおいしいものに変化した場合の話。もし、おいしくないものに変化したり、毒を生み出したり、臭くなったりすれば「腐敗した」と私たちは呼んでいるのです。

・おいしくなった

・栄養価がアップした

・消化吸収がよくなった

など、人間にとってメリットがある場合だけ「発酵」と呼びます。

日本人とゆかりのある代表的な菌

◎**麹菌**……麹を作ります

◎**酵母菌**……パンや酒、
みそやしょうゆを作ります

◎**乳酸菌**……みそやしょうゆ、
漬物やヨーグルトを作ります

◎**納豆菌**……納豆を作ります

◎**酢酸菌**……酢を作ります

◎**酪酸菌**……ぬか漬けを作ります

麹の種類

「麹」とは、蒸した穀物に麹菌を繁殖させたもの。みそや日本酒、しょうゆ作りに使われる日本の食文化とは切っても切れないものです。

◎**豆麹**……蒸した大豆に麹菌を繁殖させたもの。豆みそを作ります

◎**麦麹**……蒸した麦に麹菌を繁殖させたもの。麦みそを作ります

◎**米麹**……蒸した米に麹菌を繁殖させたもの。米みそ、甘酒、塩麹などを作ります

できたてはすべて生麹です。分解する力が強く、みそ作りなどに最適な生麹ですが、要冷蔵で賞味期限が短いのが特徴。これを乾燥させ長期常温保存可能にしたものが乾燥麹。分解する力は弱まるものの、十分においしい甘酒などを作ることができます。

米麹とひしお麹の違い

◎**米麹**……米のみを使用しているので甘味があり、まろやかな発酵調味料を作ります

◎**ひしお麹**……豆麹と麦麹をブレンドしたもの。米麹に比べてタンパク質を分解する力が強く、旨味が多いため、肉や魚を漬け込むのに向いています

体にうれしい効果

発酵食品や発酵調味料を日常的に取り入れることによって、得られる健康効果は様々。腸内環境を整えて便秘を解消し、ダイエット効果を感じられるほか、免疫細胞を活性化させ、免疫力のアップにも効果を発揮します。また、麹菌などの微生物の働きで栄養素が分解されるので、栄養を体内にスムーズに消化吸収しやすくなるため、アンチエイジングや美肌効果も期待できます。

◎腸内環境の改善
◎アンチエイジング
◎美肌効果

本書で使用している材料のこと

さ（砂糖）……甘酒、本みりん、はちみつで代用
し（塩）……ミネラル分が残った粗塩「海の精」
す（酢）……通常の何倍もの米を使って作られたまろやかな「富士酢」
せ（しょうゆ）……木桶発酵熟成2年以上の本醸造しょうゆ
そ（みそ）……手前みそ。2種類以上を常備しブレンドして使う

本みりん……甘強酒造「昔仕込本味醂」
水……浄水器を通した水
麹……乾燥麹

調味料を買う際のポイント

・みそ、しょうゆは「天然醸造」と表記のあるもの（菌の働きによって自然に発酵させて作られたものという意）
・みりんは「みりん風調味料」ではなく「本みりん」を買う
・酢は伝統的な「静置発酵」で作られた米酢や「壺作り」の黒酢がおすすめ

まずは基本調味料作るところか

まずは、料理に一番よく使う、基本調味料の「塩麹」「醤」「甘酒」を仕込むところから始めましょう。保存容器は、キレイに洗って熱湯消毒をした清潔なものを用意するのがポイント。「塩麹」と「醤」は、材料を入れてよく混ぜ、蓋をして常温におき、1日1回混ぜるだけ。1〜2週間ほど続ければできあがります。「甘酒」は炊飯器で6〜8時間保温すればできるので本当に手軽。もっと、簡単に作りたい人は、保温ボトルでも作れるのでP20を参考にしてみてください。

基本の塩味。まずはここから

塩麹

【保存期間】冷蔵6カ月

［ **材料** ］作りやすい分量

乾燥米麹……200g
塩……60g
水……400mℓ

［ **作り方** ］

1

清潔な容器に米麹と塩を入れてよく混ぜる（a）。水を加え（b）、さらによく混ぜる（c）。

2

蓋をして常温に7〜10日おく。1日1回、清潔なスプーンなどで下からよくかき混ぜる。

3

麹がやわらかくなり、甘い香りがしてきたらできあがり。冷蔵庫で保存する。

しょうゆよりもまろやか。なんでも使える万能発酵調味料

醤《ひしお》

【保存期間】冷蔵4カ月

※継ぎ足して作ることができる。その際は同じ工程を繰り返す。

［材料］作りやすい分量

ひしお麹※……300g

昆布（5cm角）……1枚

しょうゆ……300mℓ

水……150mℓ

※ひしお麹は豆麹と麦麹を1：1で混ぜたものです。ここでは神楽坂発酵美人堂の「まろやか ひしおの素」を使用しています。

［作り方］

1

清潔な容器に材料をすべて入れ(a)(b)、よく混ぜる(c)。

2

蓋をして常温に10～14日おく。1日1回、清潔なスプーンなどで下からよくかき混ぜる。

3

麹がやわらかくなり、甘い香りがしてきたらできあがり。冷蔵庫で保存する。

memo：

醤は気温が高くなるとアルコール発酵しやすいので、できあがったら必ず冷蔵庫で保存し、使用するたびに全体をよくかき混ぜるようにするとよいです。納豆菌が入り込むと粘りのある納豆醤になってしまいます（食べても問題ありません）。納豆を混ぜたスプーンでうっかり混ぜるなどしないよう、気をつけて下さい（納豆菌は非常に強い菌なので麹菌に勝ってしまいます）。

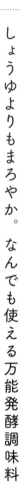

やさしい甘味で砂糖いらず

甘酒

【保存期間】 冷蔵2週間　冷凍3カ月

［ **材料** ］ 作りやすい分量

乾燥米麹……300g

60℃くらいの湯……500㎖

［ **作り方** ］

1

炊飯器に米麹と湯を入れ（a）、よく混ぜる（b）。保温ボタンを押し、炊飯器の蓋を開けたまま布巾をかける（c）。

2

温度計で70℃以上にならないようにチェックしながら6～8時間保温する。最初の1時間は数回混ぜる。

3

麹がやわらかくなり、甘くなればできあがり。清潔な容器に移して冷蔵庫で保存する。

memo：

最初の1時間を混ぜずに放ったらかしにすると、表面に水分が行き渡らず失敗の原因になります。数時間で水分が出てきますので、それまではしっかり混ぜてあげてください。麹によって表面がグレーっぽくなることがありますが、いやなにおいがなければ問題ありません。

発酵漬けおきのこと

漬け込むことで
やわらかく
おいしく
消化よく

一晩（8時間）ほど発酵漬けおきをすると、しっかり下味がつき、身もやわらかく、旨味もアップします。3日ほどは冷蔵庫で保存可能ですが、ものによってはおいしさのピークを過ぎることもあるので、食べきれないと思ったら冷凍保存を。1週間分をまとめて発酵漬けおきする際は、漬かりの早いものから使っていくか、一度冷凍してストックするのも便利なのでおすすめです。

肉・魚を漬け込む

肉や魚などの食材100gに、塩ひとつまみ、発酵調味料大さじ1が基本の目安量。ラップやジッパー付きの袋に入れて冷蔵庫で一晩漬け込むだけ。冷凍保存をして使う際は冷蔵庫で解凍を。

魚の切り身

切り身の両面にひとつまみずつのふり塩をして15分ほどおき、出てきた水分を拭く。発酵調味料を塗り、ラップをして冷蔵庫で数時間〜数日、発酵漬けおきする。

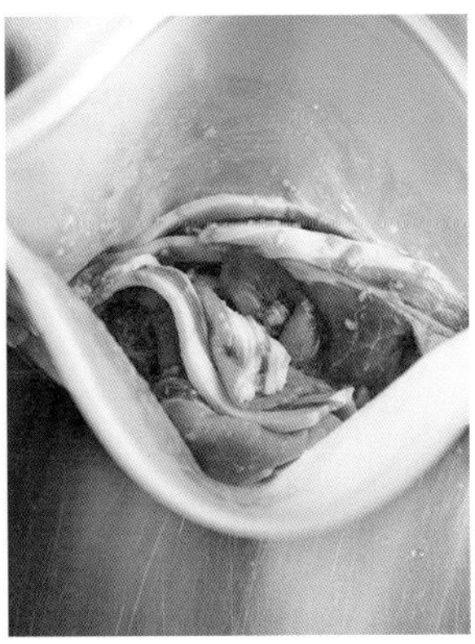

肉も同様に発酵調味料をもみ込んで料理に使うとやわらかい仕上がりに。

出てきた水分をペーパータオルでしっかり拭いてから、発酵調味料を塗るのが◎。

ゆで卵と醤をジッパー付きの袋に入れてまぶし、袋の口を閉じる。

醤卵

沸騰した湯に冷蔵庫から出したばかりの卵を入れて7分半ゆでる。殻をむき、卵1個につき大さじ1弱の醤をまぶして冷蔵庫で数時間〜一晩、発酵漬けおきする。

アレンジレシピ①

醤バルサミコ卵

醤と一緒にバルサミコ酢小さじ1を加えて発酵漬けおきすると、さっぱりとして冷麺のお供にぴったり。

アレンジレシピ②

醤スパイス卵

醤と一緒にクミンシード小さじ1、ガラムマサラパウダー・シナモンパウダー各少々を加えて発酵漬けおきすると、カレーにぴったり。

かぶの麹漬け

薄くスライスしたかぶ1個に塩小さじ1/2をまぶし、甘酒大さじ1、米酢小さじ1/2、昆布（2cm角）1枚、赤唐辛子1本を加え、冷蔵庫で数時間〜一晩、発酵漬けおきする。上品な麹漬けのできあがり。

かぶに塩をまぶしてから他の材料と一緒にジッパー付きの袋に入れてもむ。

豆腐の塩麹漬け

木綿豆腐1丁を水きりし、ペーパータオルで包み、塩麹大さじ2〜3をすべての面に塗り、冷蔵庫で、発酵漬けおきする。数時間だとあっさり、3〜4日経つとチーズのような風味になる。

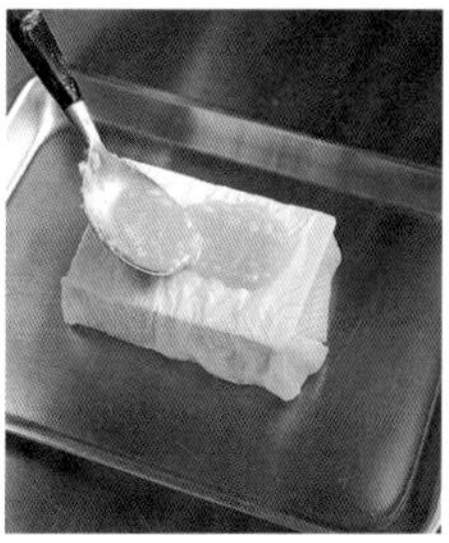

ペーパータオルの上からすべての面に満遍なく塗る。

保温ボトルで作る 甘酒のすすめ

甘酒をもっと簡単に、身近にできないか……と考えたのが、保温ボトルを使った簡単な作り方。そのまま飲めるので持ち歩きにも便利ですね。

【保存期間】 冷蔵10日～2週間　冷凍1カ月

［材料］ 作りやすい分量

乾燥米麹……80g
70℃の湯……220㎖※

※熱湯 170㎖＋浄水 50㎖を混ぜると大体 70℃になります。

［作り方］

1

保温ボトルに米麹を入れ(a)、湯を加える(b)。

2

すぐに蓋をし、10秒ほど保温ボトルをふり、6時間放置する。数時間に1回ふる。

3

6時間後、甘くなっていればできあがり。清潔な容器に移して冷蔵庫で保存する。

a

b

※保温ボトルは 65℃以上を 6 時間キープできるものを使用してください。また、容量は 350 ～ 400㎖が適しています。

memo：
日が経つと乳酸菌が増えて酸味が出てきますが、いやなにおいがなければ問題ありません。

Part.1

旬をいただく
春・夏・秋・冬の
発酵献立

発酵調味料を作ったら、春、夏、秋、冬の旬の食材と組み合わせて、手軽に豊かな発酵献立を楽しんでみませんか？　簡単なおかずでも、季節を感じられ、心もお腹も大満足です。

発酵調味料×旬の食材で簡単発酵献立

旬の食材を使った献立は、食卓を華やかにしてくれます。季節ごとにスーパーに並ぶ色とりどりの野菜は、みずみずしくて味が濃く、栄養もたっぷり。旬の魚介類も脂がのって身もやわらかく、とろけるおいしさです。旬の食材は、素材を活かす調理法で作るのが一番。そして、素材本来の旨味をさらに引き出してくれるのが、発酵調味料です。発酵調味料で「漬ける」「和える」「味つける」の３つの使い方をするだけ。しかも、３品作れば、手軽においしい発酵献立が完成します。３品だけだと、物足りないのでは？と心配されるかもしれませんが、発酵調味料で作るおかずは、どれも満足度が高いので、家族もきっと喜んでくれるはず。スーパーには、旬の食材が必ず並んでいます。使ったことがない食材にもぜひトライしてみてください。ちょっと丁寧な食卓になり、うれしくなると思います。

左上／トマト、きゅうり、とうもろこしなど、赤、緑、黄のビタミンカラーが鮮やか。みょうがや青じそなどの香味野菜やいちじくも夏が旬。
左下／ゆずや金柑などの柑橘類や、カリフラワー、春菊なども冬に出回る食材。紫キャベツも葉の巻きがかたいものは冬が旬。

右上／春先に出回る菜の花、ふきのとうやうどなどの山菜、スナップえんどうやそら豆など、緑の濃い旬の野菜を発酵調味料で簡単に調理。
右下／さつまいもやれんこんなどの根菜類や、しめじやまいたけなどのきのこ、秋なす、ぶどうなど、味覚の秋を感じさせる旬の食材たち。

春の三品献立 1

◎旬の食材……あさり／春キャベツ／うど／ふきのとう／ほたるいか／菜の花／スナップえんどう

旬の魚介を主菜と主食に使った献立。塩麹を加えたやさしい味わいの混ぜごはんに、三升漬けを使ったピリ辛おかずがよく合います。ほんのり苦味のある山菜とやわらかい春キャベツのみそ汁を添えて、春を堪能しましょう。

醤
三升漬け

あさりの混ぜごはん

塩麹

旬のあさりに塩麹を加えて酒蒸しに。
あさりと塩麹の旨味とコクを
ごはんに混ぜていただく

［**材料**］作りやすい分量
米……2合
あさり(殻つき)……300g
しょうが(せん切り)……1かけ分
酒……大さじ2強
塩麹(P15)……小さじ1
昆布(5cm角)……1枚

［**作り方**］
1 あさりは3%の塩水に入れ、1時間おいて砂抜きし、流水で洗う。
2 フライパンに水けをきった**1**のあさりと酒、塩麹を入れ(a)、蓋をして中火にかける。2分ほど加熱して殻が開いたら火を止め、ボウルにあさりだけ取り出す。蒸し汁はこしておく(b)。
3 米を洗って炊飯器の内釜に入れ、**2**の蒸し汁としょうがを加え、2合の目盛りまで水を加える。昆布を入れて炊飯する。
4 炊いている間にあさりを殻から外し、炊き上がったごはんに混ぜる。

あさりの酒蒸しをする段階で、塩麹を加えます。

蒸し汁は旨味のエキス。捨てずに米と一緒に炊いて。

醤と三升漬けの
おいしさを
存分に味わえる

ほたるいかと菜の花、スナップえんどうの醤ペペロンチーノ

醤

三升漬け

［ **材料** ］ 2人分

ゆでほたるいか……1パック(250g)
菜の花……4本
スナップえんどう……6本
にんにく……1かけ
醤(P16)……小さじ1
ごま油……大さじ1
三升漬け(P76)……小さじ1/2～お好みで

［ **作り方** ］

1 ほたるいかは目玉、口ばし、軟骨を取り除き、醤を混ぜる(a)。スナップえんどうは筋を取る。菜の花は1分ほど塩ゆでしてザルに上げ、余分な水けを拭き、食べやすい長さに切る。にんにくは薄切りにする。
2 フライパンにごま油を熱し、スナップえんどうを入れて焼き目をつける。
3 にんにく、菜の花、ほたるいかを加え、2～3分炒めて三升漬けで辛味を足す。

ほたるいかに醤で下味をつけて旨味アップ。

この時季にしか味わえない
春の香りを楽しんで

うどと春キャベツのみそ汁（ふきのとうを散らして）

みそ

［ **材料** ］ 2人分

うど……1/4本
春キャベツ……1/6個
ふきのとう……少量
〈だし〉
　昆布(10cm角)……1枚
　かつお節……1パック(2g)
　水……700mℓ
みそ……60～70g

［ **作り方** ］

1 うどは皮をむいて短冊切りに、キャベツは一口大に切る。
2 鍋に水と昆布を入れて弱火にかけ、だしを取る(時間があれば前日から一晩水出ししておく)。
3 湯がフツフツしてきたら昆布を取り出し、細かくもんだかつお節を入れる。
4 1を加え、やわらかくなるまで加熱し、火を止める。みそを溶いて器によそい、みじん切りにしたふきのとうを散らす。

memo：
だしは、昆布だしにかつお節を直接入れてそのままいただきます。分量は、毎回新しく作らなくてもいいように、あえて多めに設定しています。ラクにみそ汁を食べる機会を増やしてみてください。

春の三品献立2

◎旬の食材……たい／三つ葉／日向夏／そら豆／クレソン／新玉ねぎ

春野菜の緑と日向夏の黄色の色彩が美しい献立は、香りがいい食材ばかり。食材の味をできるだけそのまま味わいたいので、調理や味つけはシンプルに。サラダは塩麹で漬けた旨味たっぷりのたいを入れてメインおかずに。

みそ
塩麹
甘酒

日向夏のさわやかな酸味と
香りと食感のいい三つ葉が
塩麹に漬けたたいによく合う

たいと三つ葉、日向夏のサラダ

塩麹　甘酒

［**材料**］2人分

たいの刺身……100g〜
塩……適量
塩麹(P15)……小さじ2
三つ葉……1袋
日向夏……1個
〈**ドレッシング**〉
ホワイトバルサミコ酢……大さじ2
甘酒(P17)……大さじ1
塩……小さじ1/2

［**作り方**］

1 たいはサクのまま両面にふり塩をして15分ほどおき、出てきた水分をペーパータオルで拭く。両面に塩麹を塗り(a)、冷蔵庫で30分以上、発酵漬けおきし、7㎜程度の薄切りにする。
2 三つ葉は食べやすい大きさに切る。日向夏は白いワタを残して皮をむき、一口大に切る。
3 ボウルに**1**、**2**を入れ、よく混ぜたドレッシングを加え(b)、よく和える(c)。

memo：
このドレッシングはフルーツサラダによく合います。季節ごとのフルーツにモッツァレラチーズを合わせてお試しください。

たいの両面に塩麹を満遍なく塗ります。

全体に行き渡るように回しかけると◎。

箸などを使って全体をよく和えて。

そら豆ごはん

塩麹

塩麹の力でそら豆も
ごはんも甘味が増す

［**材料**］作りやすい分量

米……2合
そら豆……さや6〜8本
（粒20個程度）
塩麹（P15）……小さじ1と1/2
昆布（5cm角）……1枚

［**作り方**］

1 米は洗ってザルに上げておく。
2 炊飯器の内釜に**1**を入れ、2合の目盛りまで水を加える。塩麹、昆布を入れて炊飯する。
3 そら豆はさやから外し、2〜3分塩ゆでをして薄皮をむく。
4 ごはんが炊き上がったら、昆布を取り出して混ぜ、**3**を混ぜ込む（a）。

そら豆やごはんをつぶさないようにさっくりと混ぜて。

クレソンと新玉ねぎのみそ汁

みそ

独特な香りと苦味で
季節を存分に楽しんで

［**材料**］2人分

クレソン……適量
新玉ねぎ……1個
〈だし〉
　昆布（10cm角）……1枚
　かつお節……1パック（2g）
　水……700mℓ
みそ……60〜70g

［**作り方**］

1 玉ねぎは1cm幅に切る。クレソンは茎を斜め切りにし、葉を一口大に切る。
2 鍋に水と昆布を入れて弱火にかけ、だしを取る（時間があれば前日から一晩水出ししておく）。
3 湯がフツフツしてきたら昆布を取り出し、細かくもんだかつお節を入れる。
4 玉ねぎ、クレソンの茎を加え、火が通ったら火を止めてみそを溶く。器によそい、クレソンの葉をのせる。

夏の三品献立1

◎旬の食材……トマト／梅干し／きゅうり／とうもろこし／ズッキーニ

バテやすいこの時季はカラフルな夏野菜で食欲をそそる献立に。主菜には体を冷やすトマトやきゅうり、副菜には免疫力を上げるズッキーニ、主食には整腸効果を高めるとうもろこしを使って。鶏肉の下味に使う甘酒は夏バテ防止に◎。

甘酒

鶏もも肉の梅トマトソース

甘酒

梅干しの種のまわりについた
果肉や香りを一緒に煮込んで
おいしいソースに仕上げる

［材料］2人分

鶏もも肉……300g
塩……小さじ1
A
- 甘酒（P17）……大さじ1
- 酒……小さじ1

小麦粉……大さじ1
にんにく（つぶす）……1かけ分
オリーブオイル……大さじ1
〈ソース〉
- トマト……1個
- 梅干し……2個
- 甘酒（P17）……大さじ2
- 米酢……小さじ1/2

きゅうり……2本

［作り方］

1. 鶏肉は余分な水分をペーパータオルで拭き、脂や筋を取り除く。皮目を下にして、身が厚い部分に軽く切り目を入れ、身の面だけに塩をふり、混ぜ合わせた**A**を塗る（a）。ラップをして冷蔵庫で30分〜数時間、発酵漬けおきする。
2. トマトはざく切り、梅干しは種を除いて包丁で叩く。種はソースに入れて煮込むので取っておく。
3. 室温に戻した鶏肉の皮目を再度ペーパータオルで拭き、小麦粉を皮目だけにまぶす。
4. フライパンににんにくとオリーブオイルを熱し、**3**を皮目を下にして入れ、弱火で焼く。肉の上にアルミホイルをかぶせ、1kg程度の重しをのせ（b）、皮目をパリパリに焼く。
5. 8分ほど焼き、焼き目がついたら重しを外して肉を裏返し、5分ほど焼いたらまな板に移して数分休ませる。
6. 小さめの鍋に**2**、甘酒、米酢を入れ、弱火にかける。焦げないようにトマトをつぶしながらソースを作る（c）。できあがったら梅干しの種は取り除く。
7. 休ませた鶏肉を食べやすい大きさに切り、きゅうりの細切りを敷いた器に盛り、ソースをかける。

鶏肉をバットの上に広げ、しっかりと塗ります。

ここでは、水を入れた鍋を重しにしています。

木べらなどを使ってつぶしながら煮ます。

ズッキーニの黒ごま醤焼き

醤

醤の旨味と
黒ごまの風味が
味わえる

［ 材料 ］ 2人分

ズッキーニ……1本

A
- 醤（P16）……大さじ3
- 黒練りごま……大さじ1
- オリーブオイル……大さじ2
- かつお節……1/2パック（1g）

［ 作り方 ］

1 ズッキーニは1cm弱厚さの輪切りにし、クッキングシートを敷いた天板に重ならないように並べる。

2 ボウルにAを入れてよく混ぜ、ズッキーニの上に小さじ1/2ずつ塗る（a）。

3 170℃に予熱したオーブンで15分ほど焼く。

間隔をあけて並べ、垂れないようにのせます。

とうもろこしごはん

塩麹

とうもろこしの粒が
見た目も楽しい夏のごはん
芯も一緒に炊くと◎

［ 材料 ］ 作りやすい分量

米……2合

とうもろこし……1本

酒……小さじ1

塩麹（P15）……小さじ1強

水……450mℓ

［ 作り方 ］

1 米は洗ってザルに上げておく。

2 とうもろこしは皮をむき、まな板に立てて実をそぎ落とす。

3 土鍋に 1 を入れ、水を加えて30分浸水する。酒、塩麹を入れ、2 の粒と芯を加え（a）、中火にかける。沸騰したら弱火にして15分炊き、蓋を開けて水分がなくなっていれば火を止めて10分蒸らす。水分が残っていたら、なくなるまで1〜2分さらに炊く。

4 炊き上がったら芯を取り出し、全体をよく混ぜる。

芯からいいだしが出るので一緒に炊きます。

memo：
炊飯器で炊く場合は、炊飯器に 1 を入れ、2合の目盛りまで水を加える。酒、塩麹、とうもろこしの粒と芯を加えて炊飯します。

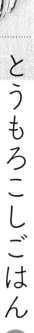

夏の三品献立2

◎旬の食材……するめいか／青じそ／みょうが／いちじく

夏を楽しむおつまみとしても最高なこの献立は、醤と甘酒の旨味を存分に堪能することができます。主菜はいかをさばいて手間がかかる分、副菜は簡単に作れる冷奴と和え物に。いちじくで甘味と彩りのバランスをとります。

醤

するめいかとじゃがいもの

醤白ワイン炒め

醤

醤とにんにくで下味を。
いかの肝と墨が加わり、
コクのある一品に

［材料］2人分

するめいか（刺身用）……1ぱい
じゃがいも……大1個
A｜醤（P16）……大さじ2
　｜にんにく（すりおろし）……少々
オリーブオイル……大さじ1
白ワイン……50mℓ
イタリアンパセリ……適量

［作り方］

1 いかはさばいて食べやすい大きさに切り、肝と墨も一緒にAと和え（a）、冷蔵庫で一晩、発酵漬けおきする。
2 じゃがいもは7mm程度の細切りにする。
3 フライパンにオリーブオイルを熱し、2を炒め、全体に油が回ったら1を加えてサッと炒め（b）、白ワインを加えて蓋をし（c）、じゃがいもに火が通るまで蒸し焼きにする。
4 器に盛り、刻んだイタリアンパセリをたっぷりかける。

いかの肝と墨は捨てずに一緒に和えます。

いかがかたくならないようにサッと炒めて。

アルコールを飛ばしてから蓋をすると◎。

いちじくの甘酒練りごま和え

甘酒

いちじくの繊細な風味を楽しむ

［材料］2人分

いちじく……2個
甘酒(P17)……大さじ1
白練りごま……小さじ1
薄口しょうゆ……小さじ1弱

［作り方］

1 ボウルに白ごま、甘酒を入れてよく混ぜ、しょうゆを加えてさらによく混ぜる。
2 洗ったいちじくを皮ごと6等分のくし形切りにし、1に加えてそっと和える(a)。
3 食べる直前まで冷蔵庫で冷やす。

a いちじくが崩れないようにそっと和えます。

memo：
いちじくは熟したものを使います。繊細な風味を楽しむため、しょうゆはほんの少し。塩けが欲しい場合は、しょうゆではなく塩を加えて調整してください。

冷奴 薬味醤添え

醤

いろいろ使えて便利な万能の薬味醤！

［材料］2人分

絹ごし豆腐……1/2丁
青じそ……3枚
みょうが……1本
しょうが……1/2かけ
醤(P16)……大さじ2

［作り方］

1 青じそ、みょうが、しょうがはみじん切りにしてボウルに入れ、醤を加えてよく混ぜる(a)。
2 豆腐を半分に切って器に盛り、1をのせる。

a ムラができないように醤と薬味をよく混ぜて。

memo：
そうめんの薬味や冷しゃぶ、ごはんにのせてもおいしい薬味醤です。ごま油との相性も◎。

秋の三品献立1

◎旬の食材 秋なす／れんこん／きのこ／さつまいも

秋の夜長に飲むワインと相性がいいものばかり。マリネとパテは、あらかじめ作って冷ましておくと、おもてなしのときにも出すだけなので便利です。最後に炒め物を作って出せば、熱々の一品がいいアクセントになります。

醤

秋なすとれんこんのマリネ

めんつゆ

めんつゆを使ったちょっと和風なマリネ液。揚げたての野菜を浸して冷ますのがコツ

［材料］2人分

なす……小さめ1本
れんこん……1/3節
ピーマン……1個
赤パプリカ……1/2個
しし唐辛子……6本
オリーブオイル……適量

〈マリネ液〉

バルサミコ酢……大さじ1強
めんつゆ（P86）・水……各50mℓ
ナツメグパウダー……少々

［作り方］

1 ボウルにマリネ液を合わせておく。
2 なすは縦半分に切り、皮目に斜めに隠し包丁を入れて食べやすい長さに切る。れんこんは皮をむいて5mm幅の半月切り、ピーマンと赤パプリカはヘタと種を取って一口大に切る。しし唐辛子はヘタを取り、爆発しないように指でつぶす。
3 フライパンに野菜をすべて並べ、多めのオリーブオイルを注いで中弱火で揚げ焼きにする（a）。
4 火が通った野菜から引き上げていき、油をきって1に入れていく（b）。
5 すべての野菜が入ったらよく混ぜ（c）、食べる直前まで冷蔵庫で冷やして味を含ませる。
6 器に盛り、お好みで再度ナツメグをふる。

口径が広いフライパンを使って一気に揚げます。

油をきったら熱いうちにマリネ液に入れるのがコツ。

野菜全体にマリネ液がからむようによく混ぜて。

さつまいもとくるみの醤炒め

醤

シナモンの風味と
くるみの食感がアクセント

［材料］2人分

さつまいも……1/2本
まいたけ……1/2袋
くるみ……15g
しょうが（みじん切り）……小さじ1
シナモンパウダー……少々
醤（P16）……大さじ1
みりん……大さじ1
バター……小さじ1/2
オリーブオイル……適量

［作り方］

1 さつまいもは皮を縞にむき、1cm程度の細切りにする。まいたけは食べやすい大きさにほぐす。くるみは粗みじん切りにする。
2 フライパンにオリーブオイルを熱し、しょうがを炒め、さつまいもとまいたけを入れて塩ひとつまみ（分量外）を加えて炒める。蓋をしてさつまいもにじっくり火を通す。
3 さつまいもがやわらかくなったら、くるみを加える。醤、みりんを加え（a）、よく炒める。最後にバターを加えて全体にからめ、仕上げにシナモンパウダーをふる。

みりんを加えたら、アルコールを飛ばします。

きのこの香りが
口いっぱいに広がる

3種のきのこの粒マスパテ

バゲット添え

醤

［材料］2人分

しめじ……70g
エリンギ……60g
まいたけ……50g
オリーブオイル……大さじ1
にんにく（みじん切り）……1かけ分
タイム（手で葉をちぎる）……少々
塩……ひとつまみ
醤（P16）……大さじ1と1/2
粒マスタード……小さじ1と1/2
バゲット……適量

［作り方］

1 きのこ類は細かくみじん切りにする。あればフードプロセッサーで細かくする。
2 フライパンにオリーブオイルとにんにくを熱し、香りが出てきたら1、塩、タイムを加え、蓋をしてしんなりするまでよく炒める。
3 醤、粒マスタードを加えてよく混ぜ（a）、冷ます。バゲットにのせていただく。

醤と粒マスタードをなじませるように炒めて。

秋の三品献立 2

◎旬の食材……きのこ／里いも／秋鮭／春菊／ぶどう

夏の疲れが出てくるこの時季は、里いもや鮭、ぶどう、春菊など、疲労回復に効果がある食材をたっぷりと使います。濃厚な焼き魚やクリーミーなグラタンには、フルーティーなサラダを添えると◎。醤入りのドレッシングも美味です。

玉ねぎ醤
みそ
醤

ホワイトソースを使わずに
牛乳と里いもでとろみづけ。
玉ねぎ醤とみそでコクをプラス

きのこと里いものグラタン

玉ねぎ醤
みそ

［ **材料** ］2人分

しめじ……1/4房
エリンギ……1本
里いも……大1個、
　中1個（すりおろし用）
長ねぎ……1/2本
牛乳（または無調整豆乳）
　……200mℓ
玉ねぎ醤（P100）……大さじ1
白みそ……大さじ1
ピザ用チーズ……適量
オリーブオイル……大さじ1

［ **作り方** ］

1 きのこ類は食べやすい大きさに切り、長ねぎは斜め薄切りにする。里いもは大を5㎜厚さに切り、中をすりおろす。
2 鍋にオリーブオイルを熱し、長ねぎを焦げないように、しんなりするまで中弱火で3分ほど炒める。きのこ類と玉ねぎ醤を加え（a）、きのこがしっとりするまで炒める。
3 牛乳、5㎜厚さに切った里いも、すりおろした里いもを加え（b）、白みそを溶いて蓋をし、里いもがやわらかくなるまで弱火で煮る。
4 塩少々（分量外）で味をととのえ、耐熱皿に移し、チーズをのせ（c）、グリルでこんがりと焼き色をつける。

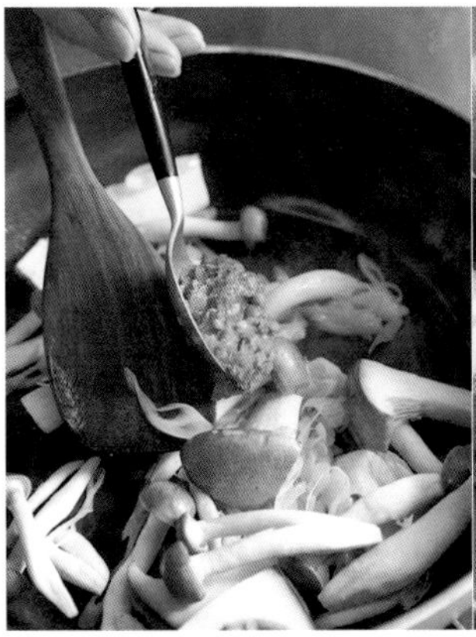

玉ねぎ醤を加え、なじませまるように炒めて。

すりおろした里いもでとろみをつけます。

チーズは固まらないように均一にのせて。

ぶどうとブルーチーズ、春菊のサラダ
醤バルサミコのドレッシング

醤

葉がやわらかい
旬の春菊は生が◎

［材料］2人分
春菊……3株
ぶどう……6個
ブルーチーズ……15g
レーズン・くるみ……各適量
黒こしょう……適量
〈ドレッシング〉
バルサミコ酢……大さじ2
醤（P16）・Exvオリーブオイル……各大さじ1
はちみつ……小さじ1
塩……小さじ1/2

［作り方］
1 春菊はよく洗い、食べやすい長さに切り、水けをきる。ぶどうは洗って横半分に切り、ブルーチーズは少量ずつのかたまりに切る。
2 ボウルにドレッシングの材料を入れてよく混ぜ（a）、乳化させる。
3 器に春菊を盛り、ぶどう、ブルーチーズ、レーズン、くるみを散らし、黒こしょうを挽き、2をかける。

油と水分が分離しないようによく混ぜて。

秋鮭のチャンチャン焼き

みそ 甘酒 酒粕

フライパンで作って
そのまま食卓に提供

［材料］2人分
生鮭（切り身）……2切れ
塩……適量
キャベツ……1/6個
玉ねぎ……1/4個
にんじん……1/6個
A みそ……大さじ4
酒・甘酒（P17）……各大さじ2
しょうゆ……小さじ2
酒粕……20g
酒……50mℓ
バター……10g
※酒粕がかたい場合は、耐熱皿にのせてラップをせずに600Wの電子レンジで20秒ほど温める。

［作り方］
1 鮭は両面にふり塩をして15分ほどおき、出てきた水分をペーパータオルで拭く。
2 キャベツはざく切り、玉ねぎはくし形切り、にんじんは短冊切りにする。
3 フライパンにバター5gを溶かして野菜を敷き、鮭をのせる。Aをよく混ぜ、鮭と野菜の上に満遍なく塗り、全体に酒を回しかけ（a）、蓋をして10分ほど蒸し焼きにする。残りのバターを鮭にのせ、余熱で溶かす。

酒が全体に行き渡るように回しかけます。

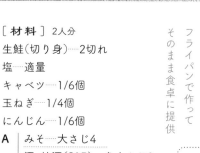

冬の三品献立1

◎旬の食材……たら／さつまいも／里いも／にんじん／春菊／金柑

寒い季節には、数種類の発酵調味料と根菜や金柑などを使って体を温める献立に。軽めの主菜には、具だくさんの汁物を添え、彩りがいい副菜で献立にアクセントを。塩けのある副菜と汁物でさつまいもの甘味が引き立ちます。

甘酒
玉ねぎ醤
発酵カレールウ
酒粕
みそ

ココナッツオイルの甘い香りと
カレーのスパイシーな香りが
食欲をそそる

甘酒たらとさつまいもの春巻き

甘酒
玉ねぎ醤
発酵カレールウ

［材料］6本分

さつまいも……160g
生たら（切り身）……2枚
塩……適量
A ｜甘酒（P17）・酒……各大さじ1
B ｜玉ねぎ醤（P100）・
　発酵カレールウ（P109）
　……各小さじ1
　水……200mℓ
水溶き片栗粉……少々
（水：片栗粉＝2：1）
ココナッツオイル……大さじ1
春巻きの皮……6枚
C ｜小麦粉……大さじ1
　水……小さじ1～
揚げ油（ココナッツオイル
またはその他の油）……適量

［作り方］

1 たらは両面にふり塩をして15分ほどおき、出てきた水分をペーパータオルで拭く。さらに塩をひとつまみずつ両面にふったら、混ぜ合わせたAを両面に塗り（a）、ラップをして冷蔵庫で一晩、発酵漬けおきする。翌日一口大に切る（b）。

2 さつまいもは皮をピーラーで縦に縞にむき、7mm程度の細切りにする。

3 鍋にココナッツオイルを熱し、さつまいもとたらを炒め、表面に火が通ったらBを加え、具材がやわらかくなるまで5～7分、蓋をして中火で煮込む。

4 水溶き片栗粉でかために餡を仕上げ、火からおろして粗熱を取る。

5 春巻きの皮に4を大さじ2ほどおき、巻く。巻き終わりに混ぜ合わせたCを塗り、閉じる。

6 少なめの揚げ油で両面がきつね色になるまで揚げ焼きにする。

たらの両面にAをムラなく塗ります。

火を通すとほぐれるので、ざく切りでOK。

memo：
餡がゆるすぎると揚げている最中に中身が流れ出るため、少ししっかりめにとろみをつけます。

金柑で
甘味とほろ苦さ、
彩りをプラス

春菊と金柑の醤辛子和え

醤

［ **材料** ］ 2人分

春菊……1/2束
金柑……2個
醤（P16）……大さじ1
練り辛子……小さじ1/2

［ **作り方** ］

1 春菊は塩（分量外）を入れた熱湯に茎から入れ、1分ほどゆでる。ザルに上げて冷まし、水けを絞って食べやすい長さに切る。
2 ボウルに醤と辛子をよく混ぜ、**1**を加えてよく和える。
3 6等分のくし形切りにした金柑を加えてサッと混ぜる（a）。

すでに和えているので、金柑を加えたらサッと混ぜるだけで完成。

定番だけど
やっぱり冬はこれ！
酒粕で体の芯まで温まる

粕汁

酒粕　みそ

［ **材料** ］ 2人分

里いも（輪切り）……2個分
大根（1cm弱のせん切り）……1/6本分
にんじん（1cm弱のせん切り）……1/2本分
こんにゃく（スプーンで一口大にそぐ）……30g
長ねぎ（斜め薄切り）……1/2本分
油揚げ（横半分に切り、5mm幅に切る）……1/2枚分
〈だし〉
　昆布（10cm角）……1枚
　干ししいたけ……1個
　かつお節……1パック（2g）
　水……700mℓ
A　酒粕……50g～
　白みそ……大さじ2
　合わせみそ……大さじ1
B　みりん……大さじ1
　塩……ひとつまみ
　薄口しょうゆ……小さじ1
七味唐辛子……適宜

［ **作り方** ］

1 水に昆布と干ししいたけを入れて弱火にかける（できれば一晩浸けておく）。
2 沸騰する直前に昆布としいたけを引き上げ、かつお節を入れる。しいたけは石づきを取り、薄切りにして鍋に戻す。
3 里いも以外の具材を鍋に加え、やわらかくなるまで煮る。だしをおたま一杯ほどボウルに取り、**A**のみそと酒粕を溶き（a）、鍋に戻し入れ（b）、里いもを加えて火が通るまで煮る。
4 味見をして**B**を加えて味をととのえる。器に盛り、お好みで七味唐辛子をかける。

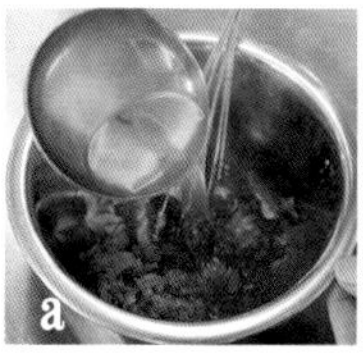

a 酒粕はかたいので、みそと一緒にだしで溶きます。

b 全体が混ざってゆるくなったら、鍋に戻し入れて。

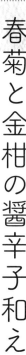

冬の三品献立2

◎旬の食材……大根／ゆず／寒ぶり／カリフラワー／紫キャベツ

醤とみりんに漬けて焼いた寒ぶりがメインの温かい献立。副菜は、主菜が引き立つようにやさしい味わいのふろふき大根と、熱々のオイルをかけるシンプルなホットサラダ。見た目に鮮やかなサラダは献立の引き立て役にも◎。

塩麹
みそ
甘酒

昆布だしで煮た大根に
濃厚な甘酒みそがぴったり。
ゆずの皮をすって香りと彩りを

甘酒みそのふろふき大根

みそ
甘酒

［**材料**］2人分

大根（3cm厚さの輪切り）……2枚
昆布（10cm角）……1枚
水……適量
〈甘酒みそ〉
　白みそ（麦みそなど）……大さじ2
　甘酒（P17）……大さじ1〜
ゆず……適量

［**作り方**］

1 大根は厚めに皮をむき、面取りして十字に隠し包丁を入れる。
2 鍋にたっぷりの水を入れ、昆布と**1**を入れて火にかける。
3 大根に竹串がすっと入るまで（a）、20〜30分煮る。
4 器に大根を盛り、よく混ぜた甘酒みそをかけ（b）、ゆず皮をする（c）。

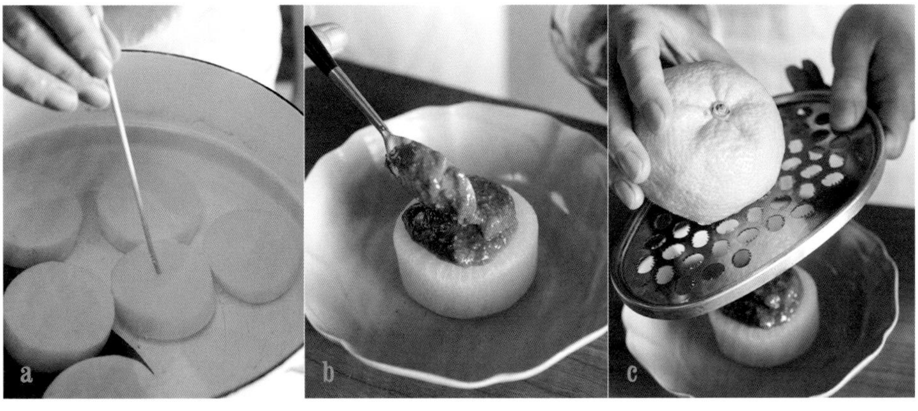

a b c

大根の中心部に竹串を刺してチェックします。厚めの大根には甘酒みそをたっぷりとかけて。ゆず皮は、切るよりもするほうが香りがアップ。

memo：
みその塩分により甘酒の量を加減してください。ゆず皮の代わりに粉山椒でもおいしいです。この甘酒みそは田楽としてなすやこんにゃくにも使えます。

カリフラワーと紫キャベツの 塩麹クミンサラダ

塩麹

麹とスパイスの相性を楽しんで！

［ **材料** ］ 2人分

カリフラワー……1/4個
紫キャベツ……1/6個
塩麹（P15）……大さじ1と1/2
クミンシード
……小さじ1と1/2
オリーブオイル……大さじ2

［ **作り方** ］

1. カリフラワーは一口大の小房に分けて2分ほど塩ゆでし、ザルに上げて水けをきる。
2. 紫キャベツは一口大に切る。
3. ボウルに**1**、**2**、塩麹を入れ、よく和える。
4. 小さなフライパン（または小鍋）にオリーブオイルとクミンシードを入れて中火にかけ、クミンシードが焦げる直前で火を止め、熱いまま**3**に入れてよく和える。

寒ぶりの醤漬け

醤

シンプルで味わい深い発酵焼き魚

［ **材料** ］ 2人分

ぶり（切り身）……2切れ
塩……適量
A ｜ 醤（P16）・みりん……各大さじ2

［ **作り方** ］

1. ぶりは両面にふり塩をして15分ほどおき、出てきた水分をペーパータオルで拭く。
2. 混ぜ合わせた**A**にぶりをからめ（a）、ラップをして冷蔵庫で一晩、発酵漬けおきする。
3. クッキングシートを敷いた天板に**2**をのせ（b）、170℃に予熱したオーブンで15分ほど焼く。

調味液がぶり全体にかかるようによくからめます。

醤が焦げつかないようにクッキングシートを敷くのがおすすめ。

memo：
オーブンを使うと焼き色は強くつきませんが、焦げにくくふっくらと仕上がるので一度お試しください。焼いている間に他の料理もできるので便利です。

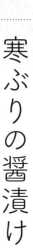

「Meat Free Monday」のすすめ

肉料理は栄養豊富でおいしく、特別感がある食事です。私たちは生きている限り、他の命をいただきながら生きていかねばなりません。しかしながら、肉中心の高タンパクな食事をする人が増えるにつれて、大腸がんの増加、目を覆いたくなるような工業畜産の実態、地球環境へのしわ寄せ……。これらが増えつつあることもまた事実です。

人生100年時代、健康寿命をのばして地球と永く暮らしていくために、週に1日、動物性食品を口にしない「Meat Free Monday」を実践しています。お肉を使わないことによって、物足りない食卓になるのでは？家族に文句を言われるかな？と懸念していましたが、なんと発酵調味料が解決してくれたのです。そもそも発酵調味料は発酵による旨味や甘味、複雑な風味をたくさん持っているため、手をかけなくても、和えたり、のせたり、炒めたりするだけで、十分に舌が満足するおいしいメニューに変身してしまいます。「野菜ってこんなにおいしいんだな」と、きっと感じるはず。ヴィーガンの人もそうでない人も、末長く健康に暮らしていけるように、食べることと環境の関わりをちょっとだけ意識して、日々の食事を見直してみるのもいいかもしれません。

Part.2

基本の発酵調味料で作る肉・魚介・野菜のベストおかず

「塩麹」「醤」「甘酒」の基本の発酵調味料を、様々な料理に取り入れましょう。旨味がグンとアップし、新鮮なおいしさを感じられるはず。肉、魚介、野菜のおかずで使いこなしてみて。

肉×発酵おかずのルール

発酵タイムで下味をつける

肉のおかずに発酵調味料を使うなら、生肉に下味として発酵調味料をもみ込むのが一番。そのまま30分〜一晩（6〜8時間）、発酵漬けおきをする「発酵タイム」で、肉の旨味をさらに底上げしてくれるとともに、下味をしっかりつけてくれます。そして、塩麹などの酵素により、肉のタンパク質が分解されるので、食感がやわらかく、消化もよくなり、一石三鳥です。安くてかたくなりがちな肉も、発酵調味料で下味をつければ、上質の肉を食べているかのようにやわらかくおいしくなります。しょうが焼き用の豚肉やから揚げ用の鶏もも肉、餃子の肉だねのひき肉、スペアリブなど、どれもやわらかくてジューシーな食感で満足してもらえると思います。とはいえ、漬け込みすぎると、やわらかくなりすぎて、一番おいしいタイミングを逃してしまうことも。すぐに食べないのであれば、冷凍保存がおすすめです。

左上／かたくなりがちなスペアリブも、醤と赤ワインで発酵漬けおきをして煮込むことで、ホロホロと骨からすぐ外れるほどのやわらかさに。
左下／豚しゃぶは、1枚ずつ甘酒と酒にくぐらせ、その調味液に浸して発酵漬けおきを。ふんわりやさしいおいしさを味わって。

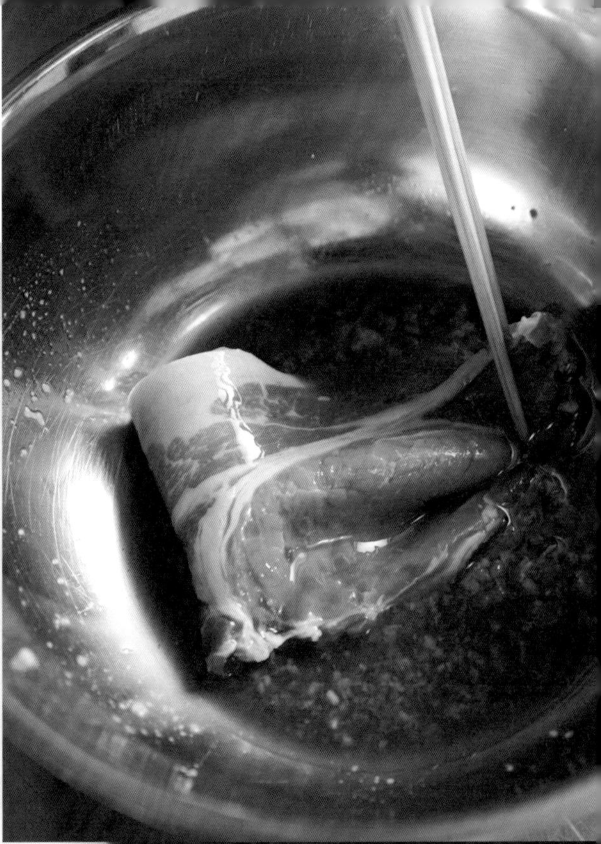

右上／豚ロース肉は、1枚ずつ甘酒と酒、しょうゆの調味液にくぐらせてから、保存袋へ。発酵タイムでジューシーな味わいに。
右下／ひき肉に醤と甘酒、オイスターソース、塩で下味をしっかりつけて一晩、発酵漬けおきすれば、野菜たっぷりでも旨味の濃い餃子に。

甘酒入りの調味液で下味をつけるからお肉もやわらかに

豚のしょうが焼き

甘酒

【発酵漬けおき】　冷凍1カ月　冷蔵庫解凍

［材料］2人分

豚ロース肉（しょうが焼き用）……200g

A｜甘酒（P17）・酒……各大さじ3
　｜しょうゆ……大さじ2

玉ねぎ（くし形切り）……1/2個分

米油……小さじ1

しょうゆ……小さじ1

しょうがの搾り汁……小さじ1〜

〈つけ合わせ〉

キャベツ（せん切り）……適宜

［作り方］

発酵タイム

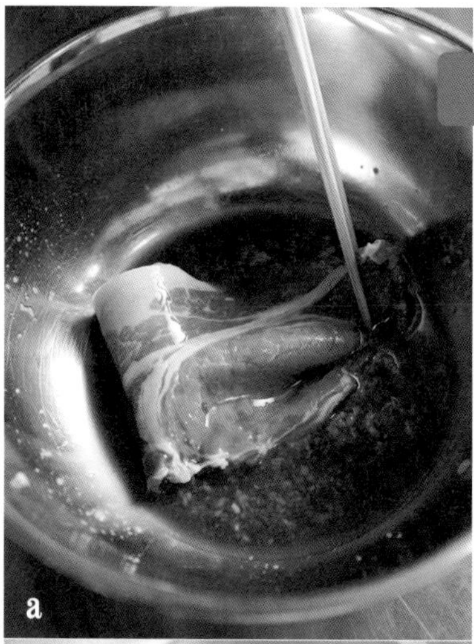
a

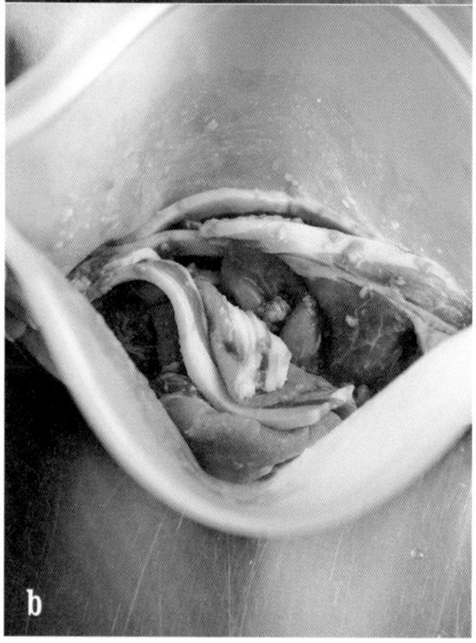
b

1

ボウルにAを入れてよく混ぜ、豚肉を1枚ずつ裏表浸し（a）、ジッパー付きの袋に入れる（b）。余った調味液もすべて入れ、冷蔵庫で一晩、発酵漬けおきする。

memo：
調味液に浸した状態で冷凍保存することができます。使うときは、冷蔵庫で解凍してください。

炒める

c

2

フライパンに米油を熱し、玉ねぎを炒め、豚肉を漬け汁ごと加えて炒める（c）。仕上げにしょうゆを加えて味つけし、しょうがの搾り汁を加える。

3

2をキャベツと一緒に器に盛る。

memo：
下味のしょうゆとは別に、仕上げのしょうゆを加えることで風味がよくなります。また、しょうがの搾り汁も最後に加えることで香りがアップ。

発酵の力&2度揚げでカリッ、ふわっ、じゅわ〜が楽しめる

発酵から揚げ

甘酒

［材料］2人分

鶏もも肉……300g

〈漬け汁〉

- 甘酒(P17)・酒……各大さじ2
- しょうゆ……大さじ1
- 塩……小さじ1/3
- にんにく(すりおろし)……1/2かけ分
- しょうがの搾り汁……小さじ1

片栗粉……大さじ4〜

揚げ油……適量

レモン(くし形切り)……適宜

［作り方］

発酵タイム

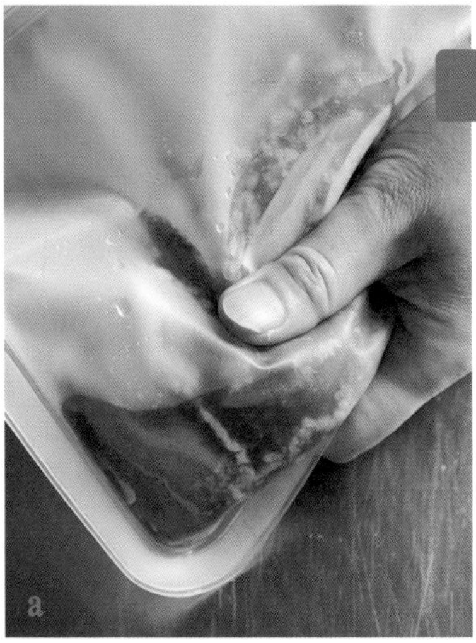

a

1

鶏肉は黄色い脂を取り除き、余分な水分をペーパータオルで拭く。食べやすい大きさ(7〜8個)に切り、身の面に塩少々(分量外)をする。ジッパー付きの袋に漬け汁と一緒に入れてよくもみ(a)、冷蔵庫で30分〜3時間、発酵漬けおきする。

揚げる

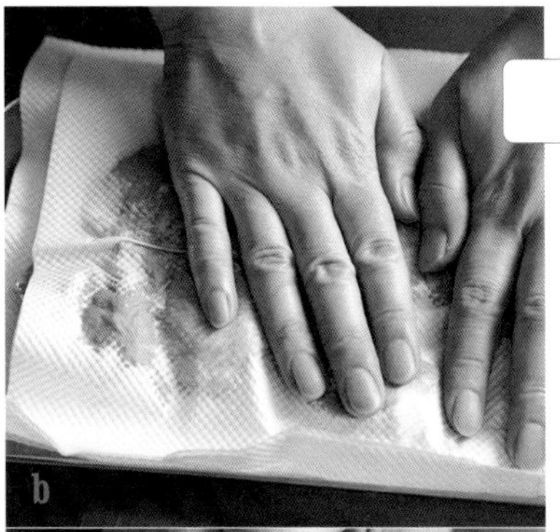

b

2

ペーパータオルを敷いたバットに鶏肉を広げ、出てきた水分をしっかり拭き(b)、ポリ袋に入れて片栗粉を全体にまぶす。

c

3

鶏肉の皮をピンと張り(c)、160℃に熱した揚げ油で3分ほど揚げる。網をセットしたバットにあげて2分ほど休ませ(d)、再度180℃の揚げ油で2分ほど揚げる。器に盛り、お好みでレモンを添える。

d

memo：
漬けた肉は焦げやすいので目を離さないよう注意。片栗粉をつける前に、一旦しっかりと水分を拭くことがカリカリに仕上げるコツ。

野菜がたっぷり入っているから軽くて何個でもイケちゃう

発酵餃子

醤

甘酒

［材料］16個分

豚ひき肉……100g

A
- 醤（P16）……大さじ1
- 甘酒（P17）……小さじ1
- オイスターソース……小さじ2
- 塩……ひとつまみ

キャベツ……100g

しょうが・にんにく（各みじん切り）……各1/2かけ分

餃子の皮……16枚

米油……小さじ1

ごま油……小さじ1

水……適量

［作り方］

発酵タイム

a

1

ボウルにひき肉、Aを入れてよく混ぜ（a）、ラップをして冷蔵庫で一晩、発酵漬けおきする。

包む→焼く

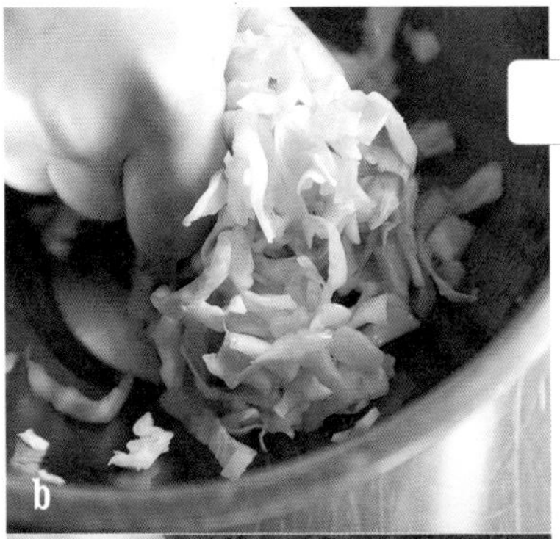
b

2

キャベツはせん切りにし、塩ふたつまみ（分量外）を全体にまぶし（b）、5分ほどおく。

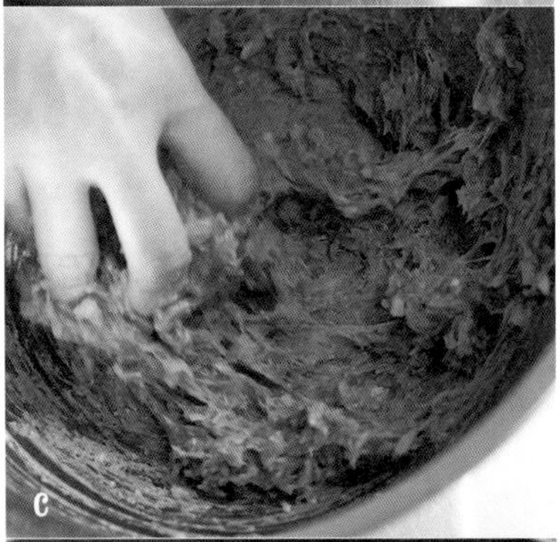
c

3

キャベツの水けをしっかり絞り、みじん切りにして1に加える。しょうがとにんにくも加えて肉の粘りが出るまでしっかり手で練る（c）。

4

餃子の皮に小さじ1強のタネを包む。

d

5

フライパンに米油をひき、餃子を並べ、餃子の1/3くらいの高さまで水を入れ（d）、蓋をして中火にかける。蒸し焼きにし、水分がなくなったら蓋を開けてごま油を鍋肌から回しかける。水分が飛んでパチパチと音がしてきたら皿をのせてひっくり返す。

memo：
市販のポン酢しょうゆや酢、ラー油を添えるのもいいですが、ゆず生ポン酢（P66）と三升漬け（P76）をつけていただくのもぜひ、味わってみてください。

甘酒を使った贅沢なしゃぶしゃぶ。下味で薄切り肉もしっとり

たっぷりキャベツと 甘酒豚しゃぶ

甘酒

ゆず生ポン酢

［材料］2人分

豚薄切り肉（しゃぶしゃぶ用）
……160g

A
- 甘酒（P17）……70mℓ
- 酒……30mℓ

キャベツ……1/3個分
水……500mℓ
昆布（10cm角）……1枚
酒……大さじ1

〈甘酒ごまだれ〉
- 甘酒（P17）……大さじ2
- 白練りごま・しょうゆ・米酢……各小さじ1

ゆず生ポン酢（*）……適量

［作り方］

a

b

発酵タイム

1
大きいボウルにAを入れてよく混ぜ、豚肉を1枚ずつ裏表浸し（a）、別のバットにのせる。調味液が余ったらすべて肉にかけ（b）、ラップをして食べる直前まで冷蔵庫で発酵漬けおきする。

memo：
しゃぶしゃぶ肉は薄いので、すぐにやわらかくなります。食べる30分前に漬けても十分間に合います。

c

煮る

2
キャベツはせん切りにして洗い、ザルに上げて水けをきる。

3
鍋に水、昆布を入れて火にかけ、沸騰したら酒を加える。

4
キャベツを入れて沸いてきたら、豚肉を入れてサッと火を通し、キャベツを巻いていただく（アクが出たらその都度取る）。お好みで甘酒ごまだれ、ポン酢をかけていただく（c）。

ゆず生ポン酢の作り方（作りやすい分量）

1. ゆずなどお好みの柑橘1個はスクイーザーなどで果汁を搾る（ゆず酢20gでもよい）。
2. みりん60gのアルコールが気になる場合は煮きる。
3. 清潔な容器に、**1**、**2**、しょうゆ140g、米酢85g、昆布（5cm角）1枚、お茶パックに入れたかつお節1パック分（2g）を入れ、蓋をして冷蔵庫で保存する。継ぎ足して作っていけるので、昆布とかつお節は半年ほどで新しいものに交換する。

memo：
すぐに食べられますが、ねかせるとどんどんおいしくなります。

スパイスやドライフルーツなどと煮込めばちょっと特別な日にも◎

スペアリブの赤ワイン煮込み

醤

［材料］2人分

豚スペアリブ……500g(4〜6本)
塩……ふたつまみ
A ｜醤(P16)……大さじ3
　｜赤ワイン……大さじ2
赤ワイン……200mℓ
無塩トマトジュース……100mℓ
しょうゆ……大さじ1
バルサミコ酢……小さじ1
はちみつ……小さじ1
シナモンスティック……1本
（またはシナモンパウダー
……小さじ1/3）
ローリエ……1枚
ドライいちじく……1個
レーズン……大さじ1

［作り方］

発酵タイム

a

1
スペアリブは全体に塩をする。Aと一緒にジッパー付きの袋に入れ(a)、全体をもみ込み、冷蔵庫で一晩、発酵漬けおきする。

煮込む

b

2
フライパンに1を入れて表面だけ焼き(b)、脂が出てきたらその都度ペーパータオルで吸い取る。

c

3
鍋に2と残りの材料をすべて入れ、中火で煮る(c)。最初の5分ほどは蓋を開けておき、出てきたアクを取る。その後、蓋をして30分ほど煮る。時間があれば一度冷まし、再度温め直すとよりホロホロになる。

memo：
冷蔵庫で冷まして固まった脂を取り除けば、さっぱりといただけます。

魚介×発酵おかずのルール

繊細な味の魚は塩麹と甘酒で

生臭さが苦手で調理するのが面倒だから、魚料理はあまり作らない……という人も多いのではないでしょうか。魚は良質なタンパク質、DHAやEPAなどのオメガ3系脂肪酸、カルシウム、ビタミンなど、私たちの健康に欠かせない栄養素を豊富に含むので、積極的に食べたいもの。そこでおすすめなのが、発酵調味料。塩麹や甘酒は、魚介本来の繊細な味わいを活かし、旨味を増して、魚介特有のにおいもとってくれます。焼くだけ、煮るだけなど、シンプルな調理にこそ、発酵調味料を使うことで、食材のおいしさを実感できます。調理の手間がかからないのもうれしいですね。中でも一番簡単でおすすめなのが、刺身に発酵調味料を和えること。たいなどの白身魚には塩麹、かつおやまぐろなどの赤身魚には醤がよく合います。身はとろけるようで旨味が増すので、そのおいしさに感動していただけると思います。

左上／たいの刺身は、塩麹を満遍なく塗って。冷蔵庫で30分ぐらいおくのがちょうどいい。長く漬けすぎると、塩辛くなるので注意。
左下／昆布に塩麹を塗り、その上にほたてをのせてさらに塩麹を。食べるときは、甘酒レモンソースをたっぷりかけてマイルドに。

右上／生鮭に塩で下味をつけてから、甘酒を塗って発酵漬けおきを。塩麹で漬けるのとはまた違った、やわらかく繊細な旨味を感じて。
右下／かきは甘酒で一晩、発酵漬けおきをし、塩麹を加えた豆乳で煮て。ダブルの発酵調味料使いで、旨味アップ＆上品な味わいに。

押さえておきたい基本の発酵焼き魚。お弁当にも便利！

鮭の甘酒焼き

甘酒

【発酵漬けおき】冷凍1カ月　冷蔵庫解凍

［材料］2人分

生鮭（切り身）……2切れ

塩……適量

A　甘酒（P17）……大さじ4弱
　　酒……大さじ2

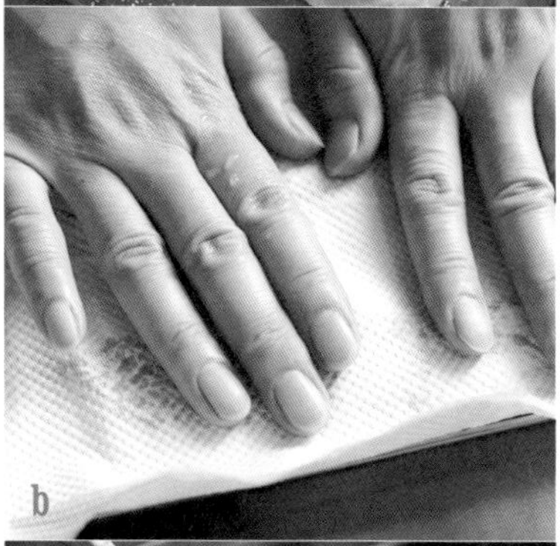

［作り方］

発酵タイム

1

鮭は両面にふり塩をし（a）、15分ほどおく。出てきた水分をペーパータオルで拭き（b）、新たに両面に塩をひとつまみずつふる（塩鮭を使う場合は余分な水分を拭くだけでよい）。

2

バットなどに鮭を置き、両面に混ぜ合わせたAを大さじ1ずつ塗る（c）。

3

ラップをして冷蔵庫で数時間～一晩、発酵漬けおきする。

memo：
漬けた状態で1カ月冷凍可能。冷蔵庫解凍して使います。

焼く

4

表面についた麹をサッとぬぐい、魚焼きグリルで7～8分（または170℃に予熱したオーブンで15分ほど）焼く。

Q&A

Q　「発酵漬けおき」の時間は守らないとダメですか？

A　レシピ記載の時間は、しっかりと素材がやわらかくなり、下味がつく目安の時間です。その通りにできない日も、30分、1時間でもいいのでお試しください。まずはそこからスタートしてみましょう。

定番のおかずも発酵の力でふんわり、旨味たっぷりに

さばのみそ煮

甘酒 みそ

［材料］2人分

さば（切り身）……2切れ

〈漬け液〉

甘酒（P17）・酒……各大さじ2

〈調味液〉

甘酒（P17）……50g

酒……50mℓ

水……150mℓ

しょうが（薄切り）……3枚

みそ……大さじ2

しょうが（せん切り）……適量

［作り方］

発酵タイム

a

1

さばは皮目に包丁で十字に切り目を入れる。

2

漬け液をさばの両面に塗り（a）、ラップをして冷蔵庫で3時間ほど、発酵漬けおきする。

煮る

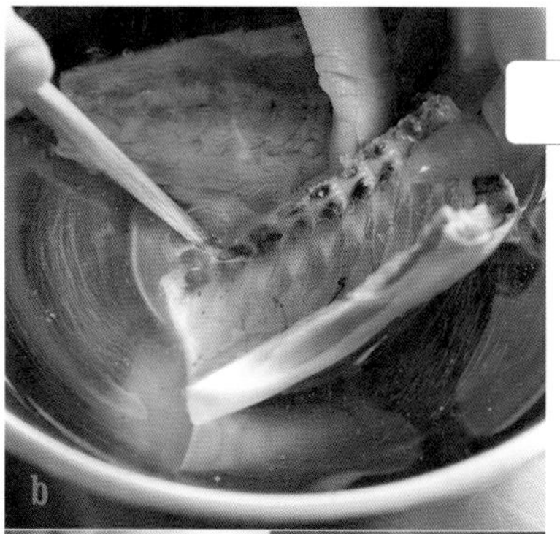
b

3

鍋に湯を沸かし、ザルに入れたさば全体にかけて霜降りする。すぐに冷水にとり、箸の先などでやさしく血合いを落とす（b）。

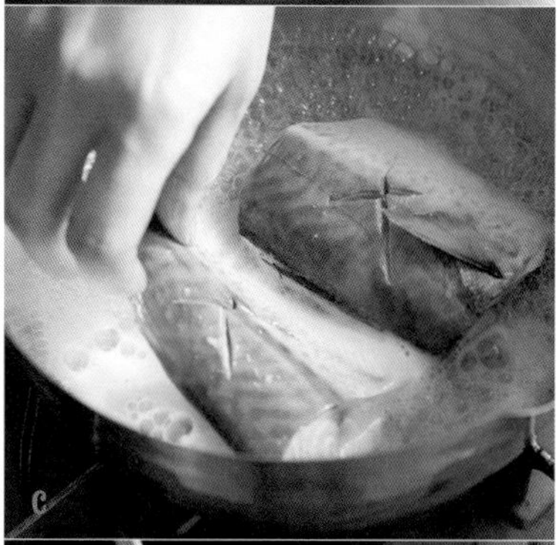
c

4

鍋に調味液を入れて中火にかける。フツフツしてきたら、さばの皮目を上にして入れ（c）、アクが出たら取る。

d

5

みそを溶き（d）、再びフツフツしてきたら中弱火にして落とし蓋をし、10分ほど煮る。

6

器にさばを盛り、煮汁をかけ、しょうがをのせる。

Q&A

Q 市販の発酵調味料でもいいですか？

A 市販の塩麹や甘酒でももちろんおいしく召し上がれます。ただ、「発酵漬けおき」をする場合は酵素が働いていない加熱殺菌された商品ではなく、生タイプもしくは手作りのものを使って下さい。加熱されたものも味つけや炒め物など調理には十分使えます。

刺身パックでお手軽に！ 甘酒を使った酢めしも美味

刺身の麹漬け 海鮮丼

塩麹　醤　三升漬け　甘酒

［材料］2人分

たい・かつお・サーモンなどの刺身……お好みの量
塩麹（P15）・醤（P16）……各適量
いかそうめん……80g
三升漬け（＊）……小さじ2
あじのたたき……100g
醤（P16）……大さじ1
しょうが（すりおろし）……小さじ1
ごはん……たっぷり2膳分

〈寿司酢〉
米酢……大さじ1
甘酒（P17）……大さじ1/2
塩……ひとつまみ

〈薬味〉
青じそ・白いりごま・わさび・しょうが・しょうゆなど……各適量

［作り方］

発酵タイム

a

b

c

1
刺身の切り身をバットに並べ、色が濃い魚には醤を、色が淡い魚には塩麹を片面が隠れる量をサッと塗る。ここでは、かつおとサーモンに醤（a）、たいに塩麹を塗る（b）。

2
いかそうめんは三升漬けを和える。あじのたたきは醤としょうがを和える（c）。どれもラップをして冷蔵庫で30分ほど発酵漬けおきする。数時間漬けてもよいが、しょっぱくなるので注意する。

memo：
漬ける時間がなければ醤や塩麹をかけて食べてもおいしいですが、漬けるとタンパク質が分解されてもっちりした食感になり旨味もアップします。

酢めしを作る

d

3
温かいごはんをボウルに入れ、よく混ぜた寿司酢を加え（d）、切るように混ぜて冷ましておく。

4
茶碗に酢めしを盛り、**1**、**2**を色よく並べ、お好みの薬味と一緒にいただく。

三升漬けの作り方（できあがり約400g）

1 青唐辛子100gは洗って水けを拭き、ヘタを取る。フードプロセッサーに入れ、細かく砕く（ペースト状にはしない）。
2 清潔な保存容器に**1**、乾燥米麹100g、しょうゆ180㎖を入れてよく混ぜる。
3 蓋をして常温に7～10日おく。1日1回清潔なスプーンなどで下からよくかき混ぜる。
4 麹がやわらかくなったらできあがり。冷蔵庫で保存し、6カ月を目安に食べ切る。

memo：
フードプロセッサーがない場合は包丁で細かい輪切りにします（種ごと使う）。青唐辛子を触る際は使い捨て調理用手袋をしてください。顔などを触ると後で痛くなるので注意！ 空気中にカプサイシン（辛味成分）が飛ぶのでマスクをするとよいです。

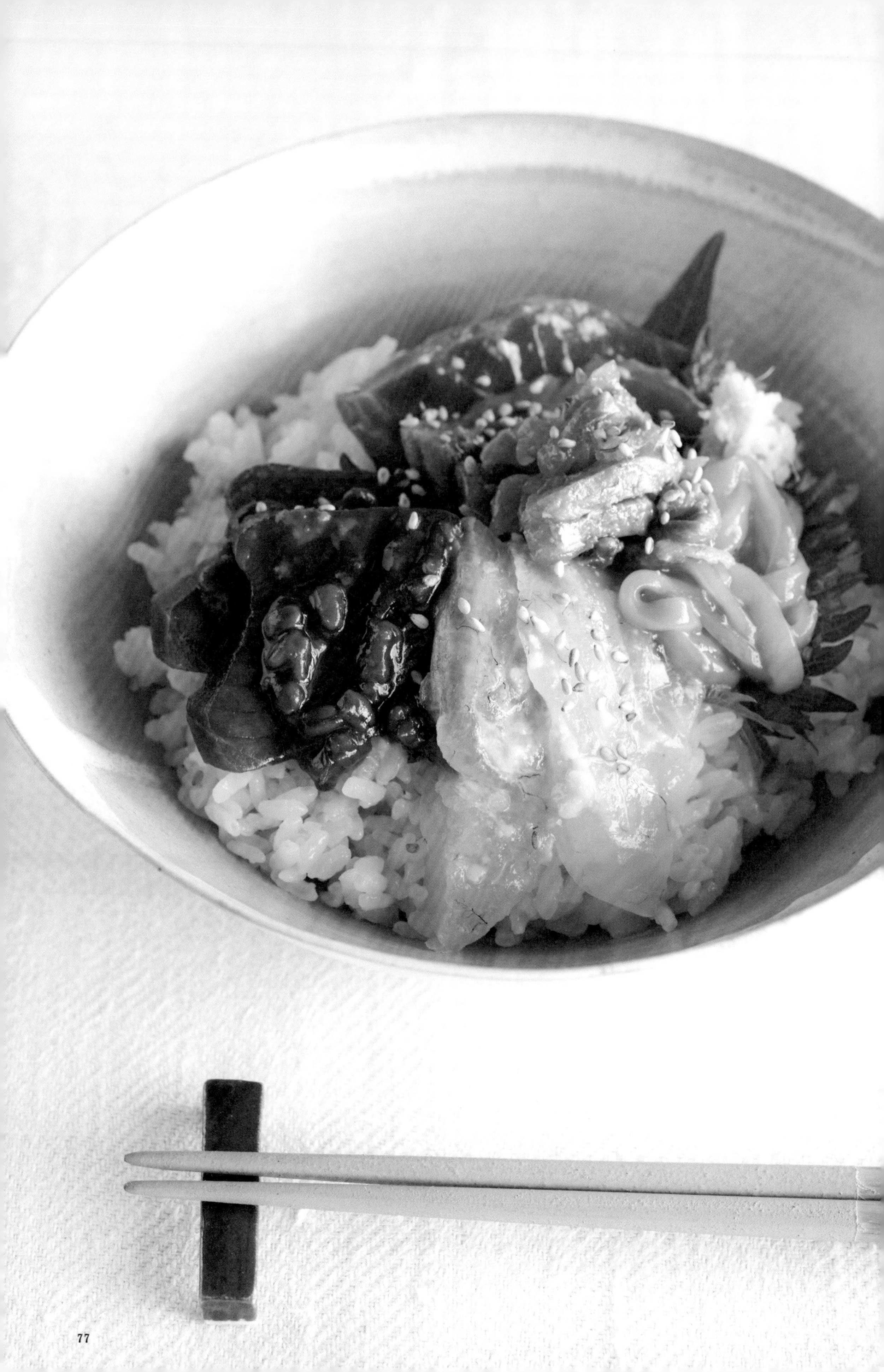

昆布と塩麹の力で旨味アップ！ 白ワインにもよく合う

ほたての塩麹昆布締め

甘酒レモンソース

塩麹 甘酒

［材料］2人分

ほたて貝柱（刺身用）……5〜6個

塩麹（P15）……大さじ1

昆布（10×15cm程度）……2枚

ラディッシュ……1/2個

〈甘酒レモンソース〉

甘酒（P17）・レモン汁……各小さじ1

［作り方］

発酵タイム

1 昆布はかたく絞った布巾で拭いて汚れを取る。塩麹を薄く塗り、その上に縦半分に切ったほたてをのせ、ほたての上部にも塩麹を薄く塗り（a）、もう1枚の昆布で挟む。ラップで昆布ごと包み（b）、冷蔵庫で数時間〜一晩、発酵漬けおきする。

2 器に盛り、甘酒レモンソースをかけ、薄切りにしたラディッシュを飾る。

a

b

甘酒みそとチーズの香ばしい香りが食欲をそそる

たらの甘酒みそチーズ焼き

甘酒
みそ

［材料］2人分

たら（切り身）……2切れ
塩……適量
甘酒（P17）……大さじ2
白みそ……大さじ1
ピザ用チーズ……適量

［作り方］

発酵タイム

1 たらは両面にふり塩をして15分ほどおき、出てきた水分をペーパータオルで拭く。

2 白みそを甘酒でのばし、味見をしてしょっぱすぎない塩加減にする。しょっぱいと感じる場合は甘酒を足す。

3 たらの両面に甘酒みそを塗り（a）、ラップをして冷蔵庫で30分～1時間、発酵漬けおきする。

焼く

4 表面についた甘酒みそはぬぐわずにクッキングシートを敷いた天板にのせ、チーズをのせる（b）。170℃に予熱したオーブンで15分ほど（または魚焼きグリルで7～8分）、チーズが溶けて焼き色がつくまで焼く。

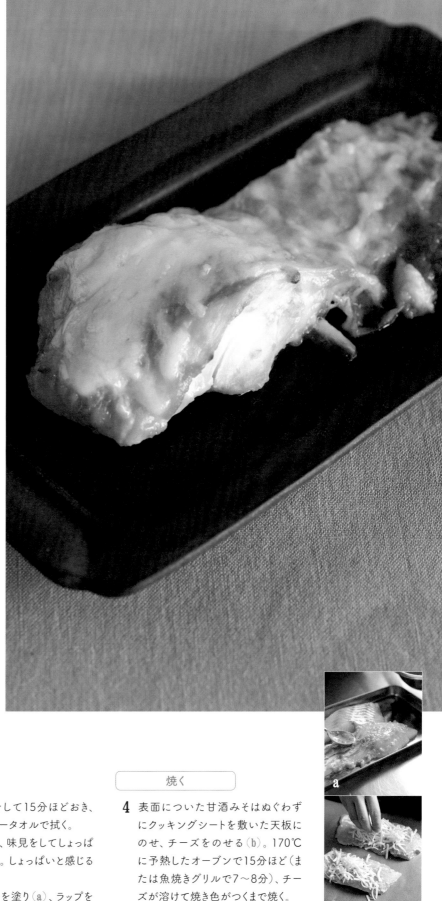

豆乳、甘酒、塩麹を使ったクリーミーでコクのあるお鍋

甘酒かきの豆乳風呂

自家製発酵ゆずこしょうで

甘酒　塩麹　発酵ゆずこしょう

［材料］2人分

かき（むき身）……8個
塩……小さじ1/2
片栗粉……大さじ1
甘酒（P17）……大さじ2
無調整豆乳……400mℓ
塩麹（P15）……大さじ1と1/2
発酵ゆずこしょう（＊）……適量

［作り方］

発酵タイム

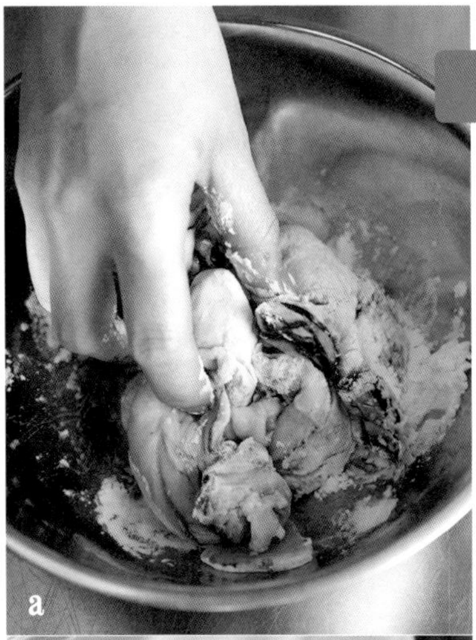
a

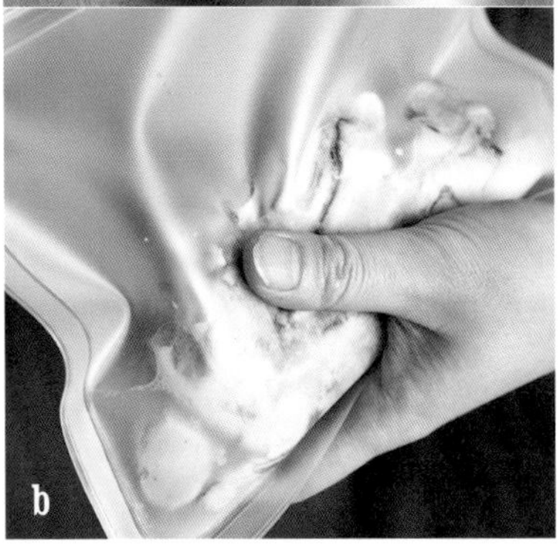
b

1
かきをボウルに入れ、塩、片栗粉を全体にそっとまぶす（a）。水を何度もかえて汚れとぬめりを取り、水けをペーパータオルで拭く。

2
ジッパー付きの袋にかきと甘酒を入れてそっともみ（b）、冷蔵庫で一晩、発酵漬けおきする。

煮る

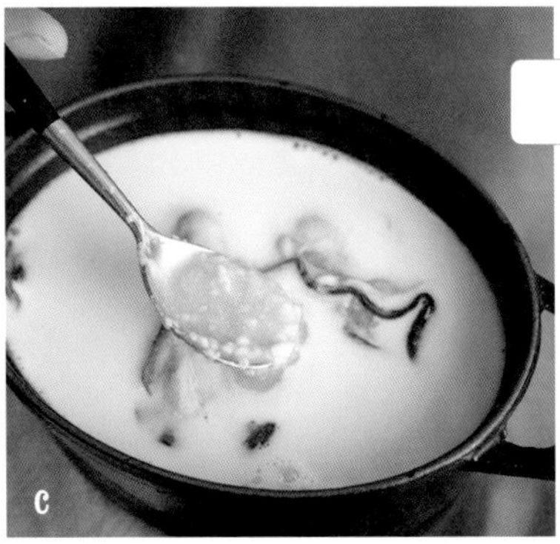
c

3
小さめの鍋に豆乳とかき、塩麹を入れ（c）、火にかける。かきに5分ほど火を通し、ゆずこしょうをかけて汁ごといただく。

発酵ゆずこしょうの作り方（作りやすい分量）

1 青ゆず150gは皮をすりおろし（皮部分20g）、青唐辛子5gは種を取り除いてみじん切りにする。
2 清潔な保存容器に1、乾燥米麹5g、塩5g、青ゆずの搾り汁少々を入れてよく混ぜ、蓋をして冷蔵庫で1週間ねかせる。冷蔵庫で4カ月保存可能。

memo：
青唐辛子を触る際は使い捨て調理用手袋をしてください。顔などを触ると後で痛くなるので注意！ 空気中にカプサイシン（辛味成分）が飛ぶのでマスクをするとよいです。

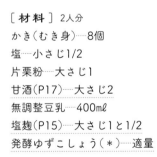

ぬか床で漬ける

いわしのぬか漬け

ぬか床

さばやさんまなど青魚との相性がとてもよい魚のぬか漬け。使用したぬかは1回で使い切るか、みりんなどと合わせて「ぬか炊き」に使ってください。

［材料］2人分

いわし……2尾

ぬか床……魚が隠れる程度の量

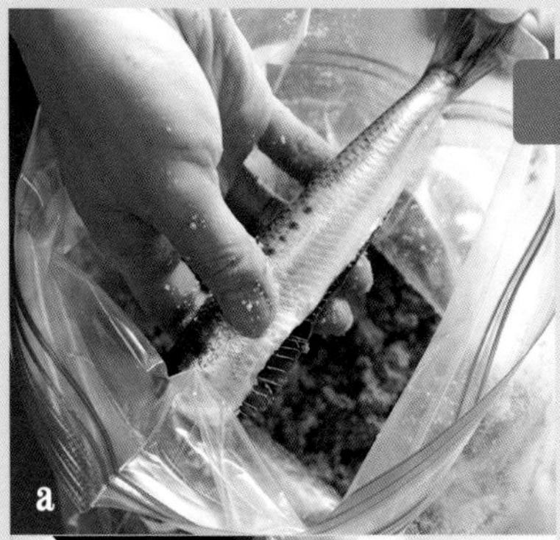

a

b

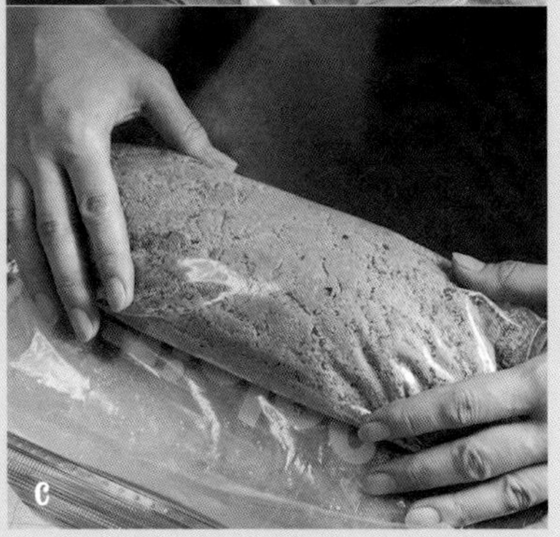

c

［作り方］

発酵タイム

1

いわしは頭と内臓を取り除き、指でやさしく鱗を取り、水洗いして水けをペーパータオルでしっかり拭く。

2

ジッパー付きの袋にぬかの半量を入れ、いわしを横にしてそっと入れる（a）。いわしのお腹にもぬかを入れ（b）、いわしが360度ぬかに漬かるように、残りのぬかで包む（c）。冷蔵庫で二晩、発酵漬けおきする。

焼く

3

ぬかを指で軽くぬぐってから魚焼きグリルで7～8分焼く。

ぬか床のこと

ぬか床は、米を精製する際に出る「ぬか」に塩と水を混ぜて乳酸菌などで発酵させたもの。きゅうりやにんじん、大根などの野菜を使ったぬか漬けがポピュラーですが、青魚との相性もよいのでぜひ、作ってみてください。ぬか床は失敗してもまたやり直せばいい！の精神で何回でもチャレンジしてみて。植物性乳酸菌は腸活&免疫力に欠かせない菌なので、毎日の食生活にぜひ取り入れましょう。

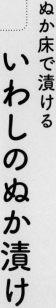

野菜×発酵おかずのルール

とにかく最小限の調味料で味わう

ビタミン、ミネラルが豊富な野菜は、私たちの健康と美容に欠かせないもの。体の調子が優れないときや、肌荒れが気になるときなど、たっぷり食べたいですよね。とはいえ、野菜をたくさん食べるのは意外と難しい、においや味が苦手であまり食べられないという声もよく聞こえてきます。市販のドレッシングやタレなどに頼りがちな人も、発酵調味料を使えば、たくさんの調味料を使わなくても味が決まるので、野菜本来の味を楽しむことができ、「野菜ってこんなにおいしかったんだ！」と感じるはず。煮物はもちろん、シンプルな野菜の和え物や炒め物、サラダのドレッシングに活用してみましょう。「塩麹」「甘酒」「醤」があれば、どんな野菜もたっぷり、おいしく食べることができ、ビタミンやミネラル、食物繊維を自然に摂取することができるので、体が喜ぶ感覚を実感できると思います。

左上／薄くスライスしたれんこんをごま油で炒め、米酢と醤を加えて炒めるだけ。すっぱいながらも濃い旨味の一品に。常備菜にもおすすめ。
左下／ヨーグルト、粉チーズ、塩麹、甘酒を加えた超発酵ドレッシング。材料をボウルに入れて混ぜるだけだから、たっぷり作っておいても。

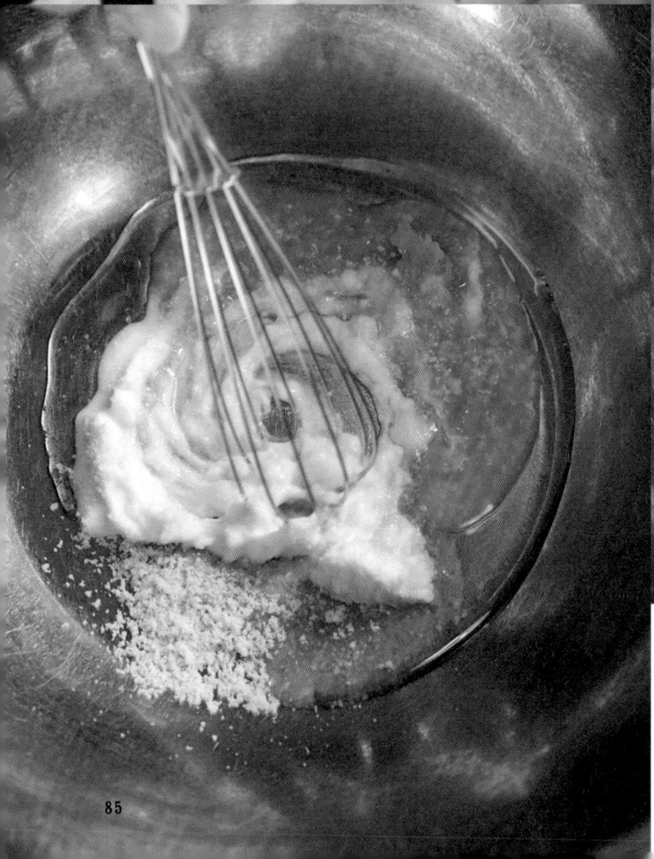

右上／にんじんのグラッセ風を作るときには塩麹を。にんじん本来の甘味を引き出すので、バターと塩麹だけで味が決まります。
右下／しょうゆと砂糖の代わりに、醤と甘酒を加えて和えるだけ。まろやかな旨味と甘味がゆでたほうれん草のおいしさを引き出します。

手作りの甘酒とめんつゆでワンランク上の肉じゃがに

甘酒肉じゃが

甘酒　めんつゆ

［材料］2人分

牛切り落とし肉……100g
じゃがいも……2個
にんじん……1/2本
玉ねぎ……1/2個
米油……大さじ1
A
- 甘酒（P17）……大さじ2
- 酒……大さじ1
- めんつゆ（*）……50mℓ
- 水……100mℓ

［作り方］

煮る

a

b

c

1
じゃがいもは大きめに切り、にんじんは乱切り、玉ねぎはくし形切りにする。

2
鍋に米油を熱し、1を炒める。全体に油が回り、じゃがいものふちが半透明になったら牛肉を加え、色が変わるまで炒める（a）。

3
Aを加え（b）、一煮立ちさせてアクが出てきたら取り、落とし蓋をし（c）、中弱火で15分ほど煮る。

4
じゃがいもの中心部がやわらかくなったら火を止め、食べる直前まで冷ましておく。

めんつゆの作り方（作りやすい分量）

1 鍋にしょうゆ100mℓ、みりん・酒各50mℓ、お茶パックに入れたかつお節1パック分（2g）、昆布（5cm角）1枚、干ししいたけ1個を入れて煮立てる。
2 蓋をせず、アルコールが飛ぶまで5分ほど煮立てる。
3 冷めたら清潔な容器に入れ、蓋をして冷蔵庫で保存する。継ぎ足して作っていけるので、かつお節、昆布、しいたけは継ぎ足すタイミングで新しいものに交換する。

memo：
昆布としいたけは、刻んでちらし寿司の酢めしに混ぜ込むとおいしいです。かつお節は汁けを絞り、ふりかけなどに使えます。

2度入れみそでコクたっぷり！

発酵豚汁

甘酒　みそ

［材料］2人分

豚薄切り肉……100g

A　甘酒(P17)・酒……各大さじ1

B　大根(いちょう切り)……1/8本分
　　にんじん(半月切り)……1/4本分
　　ごぼう(斜め薄切り)……1/6本分
　　長ねぎ(斜め薄切り)……1/3本分
　　こんにゃく(スプーンで一口大にそぐ)……1/4枚分

里いも(輪切り)……1個分

しょうが(みじん切り)……1かけ分

ごま油……大さじ1

みそ① 米みそ……大さじ1

みそ② 麦みそ……大さじ1と1/2〜適量

〈だし〉
　昆布(10cm角)……1枚
　干ししいたけ……1個
　水……600mℓ

しょうゆ……少々

七味唐辛子……適宜

［作り方］

発酵タイム

1
豚肉はジッパー付の袋に入れてAをもみ込み、冷蔵庫で一晩、発酵漬けおきする。

煮る

2
水に昆布と干ししいたけを入れて一晩おき、だしを取っておく(夏場は冷蔵庫で)。しいたけは石づきを取り、薄切りにする。

3
鍋にごま油を熱し、Bを入れて炒める。

4
野菜に油が回ったらしょうがを加え、豚肉を加えて表面の色が変わるまで炒める。

5
みそ①を加え(a)、強めの火で焼きつけるように2分ほど炒める。

6
全体にみそと油が回ったら、だしとしいたけを入れる。

7
里いもを加え、沸いてアクが出てきたら取り、具材がやわらかくなるまで蓋をして中弱火で煮る。

8
みそ②を溶き(b)、味見をして最後に香りづけのしょうゆを加える(c)。器に盛り、お好みで七味唐辛子をかける。

a

b

c

memo：
1度目のみそと油をしっかりなじませることで、長時間煮込んだようなコクのある豚汁が短時間でできます。みそはできれば2種類をブレンドして使うと奥行きが出ておいしくなります。

教室で不動の人気No.1メニュー。パクチーの根で香りが強く

アボカドパクチーの醤和え

醤

三升漬け

［材料］2人分

アボカド……1個

パクチー……好きなだけ

A
- 醤(P16)……大さじ1
- ごま油……小さじ1強
- 三升漬け(P76)……小さじ1/2〜

［作り方］

和える

1 アボカドは皮と種を取り除き、一口大に切る。パクチーはざく切りにし、茎と葉に分ける。根がついている場合は土をきれいに洗い流し、みじん切りにし(a)、茎と合わせておく。

2 ボウルにアボカド、パクチーの茎と根、Aを入れ(b)、よく和える。

3 器に盛り、パクチーの葉をこんもりとのせる。食べる直前まで冷蔵庫で冷やすとよい。

a

b

ほうれん草の甘酒醤和え

コクがあり、まろやかな和え物。アーモンドがいいアクセント

醤

甘酒

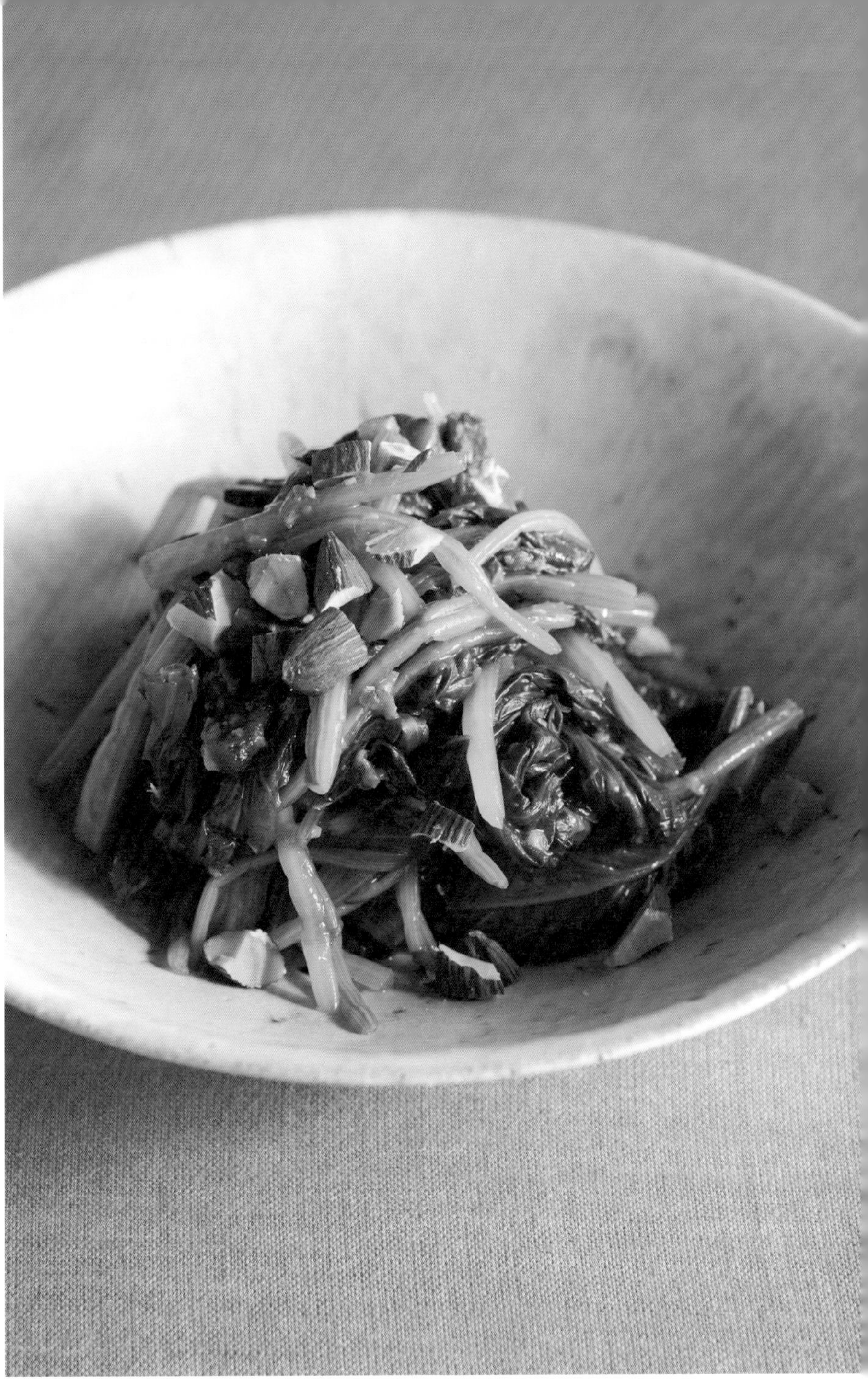

［材料］2人分

ほうれん草……1/2束

醤(P16)

……大さじ1強

甘酒(P17)……大さじ1

アーモンド……4粒

［作り方］

和える

1 沸騰した湯にほうれん草を茎から入れて1分ほどゆで、すぐに冷水にとり(a)、ザルに上げる。水けを絞り、5cm長さに切る。

2 ボウルに1を入れ、醤と甘酒を加え(b)、よく和える。

3 器に盛り、粗く砕いたアーモンドをふりかける。

れんこんのシャキシャキ食感と米酢の酸味、ごま油の風味が◎

れんこんの醤すっぱ炒め

醤

［**材料**］2人分

れんこん……1/2節
米酢……大さじ1/2強
醤（P16）……大さじ1/2強
ごま油……小さじ1

［**作り方**］

炒める

1 れんこんはスライサーなどで1.5㎜程度に薄くスライスし、水に数分さらし（a）、ザルに上げる。

2 フライパンにごま油を熱し、れんこんを炒め、半透明になったら米酢と醤を加えて（b）全体をサッと炒める。

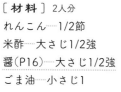

ごま油でじっくり炒めたじゃこの香ばしさと食感が決め手！

じゃこと小松菜の醤炒め

醤

［材料］2人分

ちりめんじゃこ……10g
小松菜（またはかぶの葉）……1/2束
にんにく……1かけ
醤（P16）……大さじ1と1/2
ごま油……大さじ1

［作り方］

炒める

1 小松菜は4cm長さに切り、にんにくはせん切りにする。
2 フライパンにごま油を熱し、ちりめんじゃこをカリッとするまで中弱火で炒める（a）。
3 1を加えて小松菜がしんなりするまで中火で炒め、醤を加え（b）、全体をよく混ぜる。

あると助かる腸活常備菜！　煮物では味わえない食感がやみつきに

ポリポリ切り干し大根

ゆず生ポン酢

醤

［材料］2人分

切り干し大根……20g

干ししいたけ（スライス）……10枚程度

A
- 水……200mℓ
- ゆず生ポン酢（P66）……40mℓ
- 醤（P16）……大さじ1

白いりごま……少々

a

b

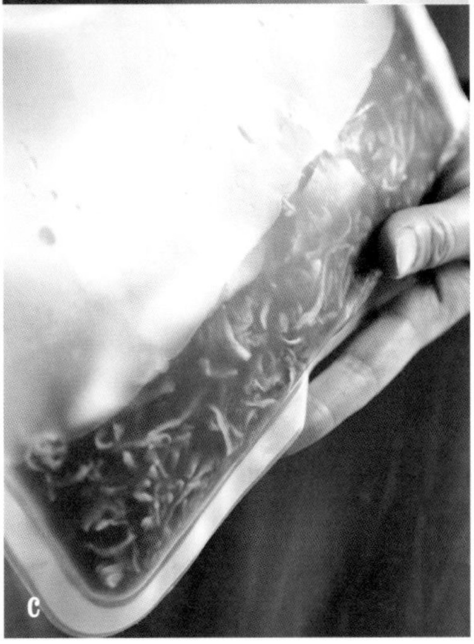

c

［作り方］

発酵タイム

1

切り干し大根は流水でサッと汚れを落とし、水けを絞る（a）。

2

ジップ付きの袋に1、干ししいたけを入れ（b）、Aを加えてよくなじませ（c）、冷蔵庫で3時間以上、発酵漬けおきする。

3

器に盛り、白ごまをふる。

Q&A

Q　発酵食品は腐りませんか？

A　仕込んだ塩分濃度や水分量、保管状況により発酵→腐敗に変わることがあります。自然なものなので、ふと雑菌が増えてしまう事もあります。レシピの分量を守り、煮沸消毒やアルコール消毒した清潔な容器に保存し、期限内に召し上がるようにしてください。また時々、匂いのチェックもしてみてください。
不用意に素手で混ぜることもあまりおすすめしません。しゃもじやスプーンを使ってもちゃんと発酵しますのでご安心ください。

バターと塩麹のやさしい塩けがにんじんの甘味を引き立てる

にんじんのグラッセ風

塩麹

［材料］2人分

間引きにんじん……2本（約100g）

バター……大さじ1

塩麹（P15）……大さじ1

にんじんの葉（飾り用）……適宜

memo：
間引きにんじんはやわらかく甘い独特のおいしさがあります。なければ通常のにんじんでお試しください。

［作り方］

蒸し煮

1 フライパンに乱切りにしたにんじんを入れ、バターをのせて蓋をし（a）、中弱火で4〜5分、からめながら蒸し煮にする。

2 蓋を開け、中心部までやわらかくなったら塩麹をからめる（b）。

3 器に盛り、あればにんじんの葉を添える。

甘酒を使ったヘルシージャンクなドレッシング。野菜はレタスのみ

自家製麹ドレッシングの
シンプルシーザーサラダ

塩麹
甘酒

［材料］2人分

ロメインレタス……4～5枚

〈ドレッシング〉

- Exvオリーブオイル……大さじ1
- プレーンヨーグルト・粉チーズ・塩麹（P15）……各小さじ2
- 甘酒（P17）……小さじ1
- にんにく（すりおろし）……少々

黒こしょう・粉チーズ……各少々

［作り方］

ドレッシング

1 ロメインレタスは洗って水けをきり、食べやすい大きさに切る。

2 大きめのボウルにドレッシングの材料を入れてよく混ぜ（a）、乳化したら1を加え、全体によくからめる（b）。

3 器に盛り、黒こしょうを挽き、チーズをかける。

memo：
発酵サラダチキン（P121）や焼いたベーコンをのせてもよい。

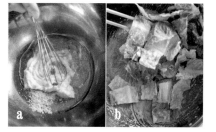

ワインに合わせる発酵おつまみ

甘酒、塩麹、醤…というと和食のイメージが強いかもしれません。そして合わせるお酒は、やっぱり日本酒でしょうか。いえいえ、実はそんなことはないのが、発酵の奥深く魅力的なところ。発酵食品、発酵調味料は「発酵」によって生まれた爆発的な「旨味」を持っています。旨味成分はイタリアン、フレンチ、和食、中華どんなジャンルの料理も選びません。ワインに合わせたければ、その旨味成分に「ワインに合う要素」をちょっぴりプラスすればよいだけなのです。それが【ハーブ】と【スパイス】そして【フルーツ】。まずはスーパーに売っていて「聞いたことある!」というものからプラスしてみてください。例えば、赤ワインなら同じようなニュアンスがあるローリエ、シナモン、プルーン。白ワインならディル、白こしょう、柑橘類など。そしてどんどんワインと合わせて食べてみてください。「お家でこの味が食べられるなんて! 私、天才かも?」そんなメニューが増えるとうれしいです。体を整えながらおいしいお酒も楽しめる『発酵おつまみ』はお家飲みの醍醐味なのです。

そしてぜひ、発酵を生かした「自然派ワイン」にも注目を。あえてろ過せず濁りを残したものや、未だ微発泡しているもの等、同じものに二度と会えない発酵の楽しさを味わえますよ。

Part.3

もっと楽しむ！
発酵調味料＆
ワンランク上のおかず

基本の発酵調味料を使いこなせたら、変化球の発酵調味料を作って、ワンランク上の発酵料理生活を楽しんでみませんか？洋風、中華風などバリエーションもどんどん広がりますよ。

コンソメ代わりに！

玉ねぎ醤を作ってみよう

まるでコンソメのような風味がする万能発酵調味料。いろいろな料理に合い、少しプラスするだけで味が深まります。動物性のコンソメや化学調味料を使いたくない方にもおすすめです。

【保存期間】 冷蔵4カ月／冷凍3カ月

［材料］ 作りやすい分量

玉ねぎ（新玉ねぎでも可）……200g

ひしお麹……65g

塩……20g

［作り方］

1

清潔な容器にひしお麹と塩を入れてよく混ぜる。

2

玉ねぎをフードプロセッサーでなめらかに攪拌する。フードプロセッサーがない場合は、すりおろし器ですりおろすか、包丁で細かいみじん切りにする。

3

2 の玉ねぎを **1** に加え、さらによく混ぜる。

4

蓋をして常温に約7日間おく。1日1回、清潔なスプーンなどで下からよくかき混ぜる。

完成

5

麹がやわらかくなり、コンソメのような香りがしてきたらできあがり。冷蔵庫で保存する。

memo：
できあがりのサインは、香りだけではありません。色も変化し、グレーがかったような茶色になりますが、心配はいりません。

ポテトサラダ

甘酒を使った上品でやさしい味わいのポテトサラダ

玉ねぎ醤 甘酒

［材料］2人分

じゃがいも……中3個
きゅうり……1/2本
卵……1個
玉ねぎ醤（P100）……大さじ1
甘酒（P17）……大さじ1
マヨネーズ……大さじ1と1/2～
塩……ひとつまみ～

［作り方］

和える

a

b

c

1

鍋にたっぷりの湯を沸かし、皮をむいて一口大に切ったじゃがいもを塩ゆでする。きゅうりは薄切りにし、塩少々（分量外）でもんで数分おき、水けをしっかり絞る。卵は沸騰した湯で8分ほどゆで、冷水にとって殻をむき、細かく切る。

2

じゃがいもに竹串を刺し、中心部までやわらかくなったら湯を捨て、鍋を揺すって水けを飛ばし、粉ふきいもにする（a）。玉ねぎ醤と甘酒を加え（b）、1分弱炒める。

3

ボウルに移してマッシャーでじゃがいもをつぶし、マヨネーズ、きゅうり、ゆで卵を加えてよく混ぜ（c）、塩で味をととのえる。

memo：
玉ねぎ醤と甘酒の酵素がじゃがいもをドロドロに溶かしてしまうため、2 の工程で一度火を入れ、酵素の力を止めるのがポイント。

Q&A

Q　生きた菌をとるために加熱はしない方がいいですか？

A　生きたままの菌をとらなければ意味がない、と思われがちですが、菌はたくさんの旨味や栄養素を作るために、すでに大活躍をしてくれています。加熱して死菌になっていても無意味ではありません。生成してくれたものが腸内環境を整える菌もいます。食べ物としておいしくいただける温度でぜひ召し上がってください。

材料も作り方もシンプル！ お弁当や持ち寄りパーティーにも便利

鶏手羽中の玉ねぎ醤オーブン焼き

玉ねぎ醤

［材料］2人分

鶏手羽中……150g
玉ねぎ醤（P100）……大さじ2

［作り方］

発酵タイム

1 鶏肉は余分な水分をペーパータオルで拭く(a)。

2 ジッパー付きの袋に**1**と玉ねぎ醤を入れて全体をよくなじませ、冷蔵庫で3時間ほど、発酵漬けおきする。

焼く

3 オーブンを180℃に予熱し、クッキングシートを敷いた天板に**2**をのせて15分ほど焼く。

memo：
発酵漬けおきの際に、にんにくやお好みのスパイス（クミンやフェネグリークなど）を一緒に入れるとお酒にも合う味になります。

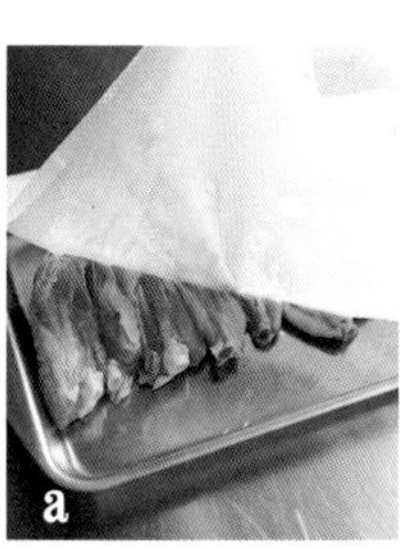

a

たこのから揚げ

玉ねぎ醤で下味しっかり！ おつまみとしてもおすすめ

玉ねぎ醤

［ 材料 ］ 2人分

蒸しだこ……100g
玉ねぎ醤（P100）
……大さじ1弱
片栗粉……大さじ2
揚げ油……適量
レモン（くし形切り）
……適宜

［ 作り方 ］

発酵タイム

1 たこは水けをペーパータオルで拭き、一口大に切る。玉ねぎ醤をよくからめ（a）、常温で30分ほど、発酵漬けおきする（夏場は冷蔵庫へ）。

揚げる

2 ポリ袋に入れて片栗粉を全体にまぶし（b）、180℃の揚げ油で数分揚げる。器に盛り、お好みでレモンを添える。

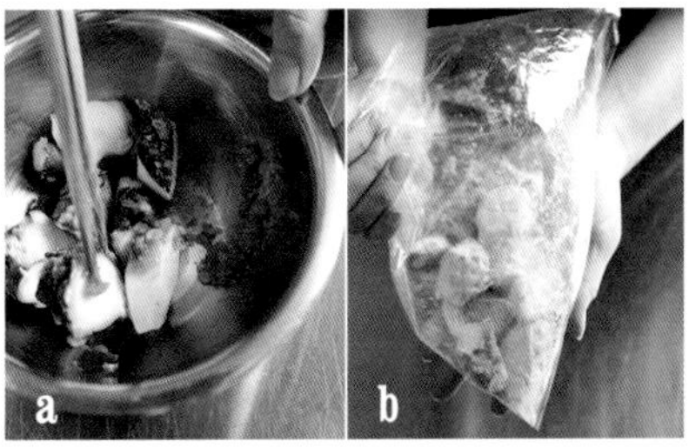

memo：
蒸しだこは火が通っているので長時間揚げなくてもOK。
お好みで七味唐辛子をふってもおいしいです。

簡単に作れて色も鮮やか！ いつもとちょっと違う食卓に！

炊飯器で作るピラフ

玉ねぎ醤

［材料］作りやすい分量

米……2合

ソーセージ……2本

にんじん……1/4本

A
- 玉ねぎ麹（P100）……小さじ1と1/2
- 無塩トマトジュース……100㎖
- 塩……ひとつまみ

パセリ（みじん切り）……少々

［作り方］

炊く

1 米は洗ってザルに上げておく。

2 にんじんは粗みじん切り、ソーセージは約7㎜幅の小口切りにする。

3 炊飯器の内釜に**1**、**2**、Aを入れ（a）、2合の目盛りまで水を加えてよく混ぜ（b）、炊飯する。

4 器に盛り、パセリを散らす。

memo：
炊き上がってから、お好みでバターを全体に混ぜてもおいしいです。オムライスの中身やハヤシライスのごはんにしてもよく合います。

玉ねぎ醤の中華スープ

干ししいたけがだしとしても具としても使えて便利！

玉ねぎ醤

［材料］2人分

溶き卵……1個分
乾燥わかめ（生でも可）……適量
〈だし〉
- 昆布（10cm角）……1枚
- 干ししいたけ（スライス）……10枚程度
- 水……500mℓ

A
- 玉ねぎ醤（P100）……大さじ1と1/2
- しょうゆ（あれば薄口）……小さじ1
- 塩……小さじ1/3～

ごま油……小さじ1
白いりごま……適量

［作り方］

煮る

1 鍋に水、昆布、干ししいたけを入れて蓋をし、弱火で8分ほど煮出す（時間があれば前日から一晩水出ししておく）。
2 昆布を取り出してAを加え（a）、一煮立ちさせる。塩などで味をととのえ、溶き卵を加える（b）。火を止め、ごま油を回しかける。
3 器に乾燥わかめを入れ、2を注ぎ、白ごまをふる。

やさしい味わい

発酵ケチャップを作ってみよう

すぐに使える即席タイプと、炊飯器でじっくり作る発酵タイプの2種類を紹介。ハンドミキサーなどがあれば、攪拌して粒をなめらかにするのがおすすめです。

即席タイプ

醤

玉ねぎ醤

甘酒

【加熱なしの保存期間】冷蔵5日／冷凍1カ月

【加熱ありの保存期間】冷蔵2週間／冷凍2カ月

［材料］作りやすい分量

トマトピューレ
　（無塩、無添加）……200g
醤（P16）……20g
玉ねぎ醤（P100）……小さじ1/2
甘酒（P17）……35g
しょうゆ……小さじ1
塩……小さじ1/2
はちみつ……大さじ1〜
米酢……小さじ1/3
シナモンパウダー……小さじ1/3

［作り方］

清潔な容器に材料をすべて入れてよく混ぜる。または、鍋に材料をすべて入れ、フツフツとするまで火入れし（a）、清潔な容器に入れる。冷蔵庫で保存する。

発酵タイプ

醤

【保存期間】冷蔵2カ月／冷凍3カ月

［材料］作りやすい分量

トマトピューレ
　（無塩、無添加）……200g
乾燥米麹……50g
醤（P16）……20g（またはみそ10g）
塩……小さじ1
米酢（りんご酢など）……7g
しょうゆ……3g
シナモンパウダー、
　クローブパウダー……各適宜

［作り方］

1 炊飯器またはヨーグルトメーカーにトマトピューレと米麹を入れてよく混ぜ（a）、60℃で8時間保温する。その間、2〜3回全体をよく混ぜる（炊飯器の場合は保温ボタンを押し、蓋を開けたまま布巾をかける）。
2 残りの材料を入れてよく混ぜ、味をととのえる。清潔な容器に入れて冷蔵庫で保存する。

memo：
一晩おくと味がなじんでおいしくなります。使う調味料によって塩味が違うので、味見をしながら調整してください。

辛くないので子どもにも◎

発酵カレールウを作ってみよう

【保存期間】冷蔵4カ月／冷凍3カ月

このカレールウは子どもでも食べられるように辛味が入っていません。辛味が欲しい場合は、塩が入っていないミックススパイス（30g前後）で代用しても。

［**材料**］作りやすい分量

クミンパウダー……10g
コリアンダー パウダー……10g
ターメリックパウダー……5g
カルダモンパウダー……5g
乾燥米麹……100g
塩……22g
水……150mℓ

［**作り方**］

1. 清潔な容器にスパイスと塩、米麹を入れてよく混ぜる（a）。
2. 水を加え（b）、てさらによく混ぜる。蓋をして常温に1週間ほどおく。
3. 1日1回、清潔なスプーンなどで下からよくかき混ぜる（c）。麹がやわらかくなり、とろっとしてきたらできあがり。冷蔵庫で保存する。

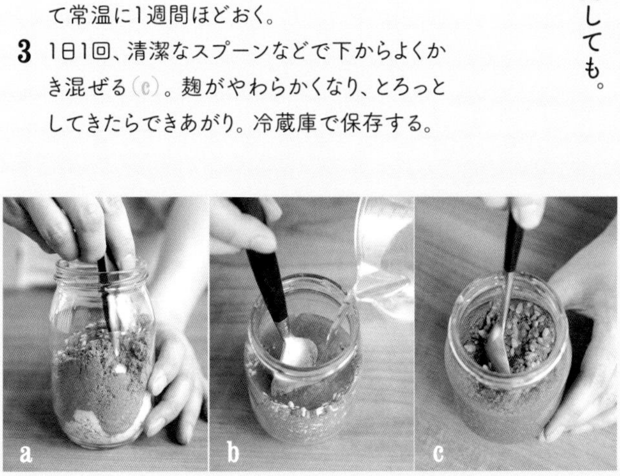

memo：
チリペッパーやフェヌグリークなどお好みのスパイスをカスタマイズして、手作りスパイスカレーを楽しむのもおすすめ。

炒め玉ねぎを作らなくてもOK! 発酵調味料を使ったソースも◎

玉ねぎ醤のハンバーグ

玉ねぎ醤

発酵ケチャップ

醤

［材料］2人分

〈ハンバーグ〉

- 合びき肉（ここでは牛：豚＝7：3）……300g
- 玉ねぎ醤（P100）……大さじ3
- 溶き卵……1/2個分
- 植物油（手に塗る用）……適量

〈ソース〉

- 発酵ケチャップ（P108）……大さじ4
- 玉ねぎ醤（P100）……大さじ1
- 醤（P16）……小さじ1（なければ みそ小さじ1/2）
- 赤ワイン……50mℓ

〈つけ合わせ〉

- ポテトサラダ（P102）・トマト（くし形切り）・レタス……各適宜

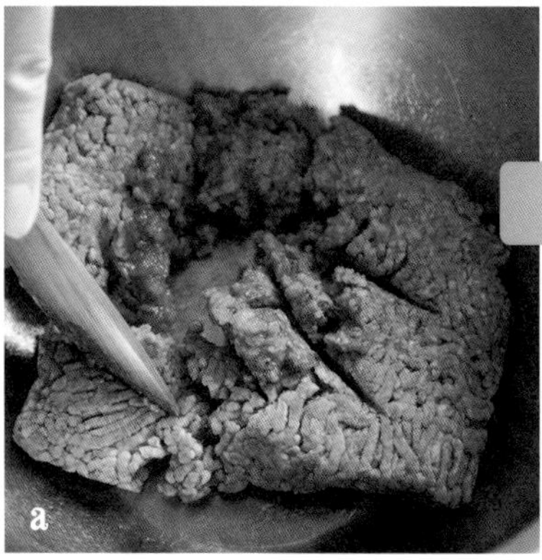

a

［作り方］

発酵タイム

1

ひき肉をボウルに入れ、玉ねぎ醤をよく混ぜ込み（a）、ラップをして冷蔵庫で一晩、発酵漬けおきする。

b

ハンバーグを作る

2

冷蔵庫から出してすぐに溶き卵を加え、タネが白っぽくなるまで手でよく練る。手に油を塗り、タネを2等分して空気を抜き、小判形に成形する。油を塗ったバットなどにのせ、一旦冷蔵庫へ入れる。すぐ焼く場合は入れなくてもよい。

3

冷蔵庫からハンバーグを出し、油をひかずにフライパンに並べる（b）。指で真ん中を凹ませ、中強火で片面に焼き色をつける。

4

ひっくり返して蓋をし、少し火を弱めて6～7分じっくり焼く。

5

ハンバーグの真ん中がぷっくり膨らみ、真ん中を竹串で刺して透明な肉汁が出てくればできあがり。濁ったり赤い汁が出てきたら、さらに1分以上焼く。

c

6

鍋にソースの材料をすべて入れ（c）、よく混ぜ合わせてから中火にかける。フツフツしてきたら1分ほど混ぜながらアルコールを飛ばし、とろみがつくまで煮詰める。

7

器にポテトサラダ、トマト、レタスをのせ、ハンバーグを盛り、ソースをかける。

漬けて焼くだけ！ 発酵調味料とヨーグルトの力でお肉がしっとり

発酵タンドリーチキン

発酵カレールウ

発酵ケチャップ

［材料］2人分

鶏むね肉……250g

塩……ふたつまみ

〈漬け汁〉

- 発酵カレールウ（P109）・プレーンヨーグルト……各40g
- 発酵ケチャップ（P108）・レモン汁……各5g
- にんにく・しょうが（各すりおろし）……各5g

パセリ……適宜

［作り方］

発酵タイム

1 鶏肉は皮を取り、塩をして一口大に切る。漬け汁と一緒にジッパー付きの袋に入れてよくもみ（a）、冷蔵庫で3時間〜一晩、発酵漬けおきする。

焼く

2 天板にクッキングシートを敷き、鶏肉を重ならないように並べ（b）、170℃に予熱したオーブンで15分ほど焼く。

3 器に盛り、お好みでパセリを添える。

memo：フライパンで焼いても OK です。

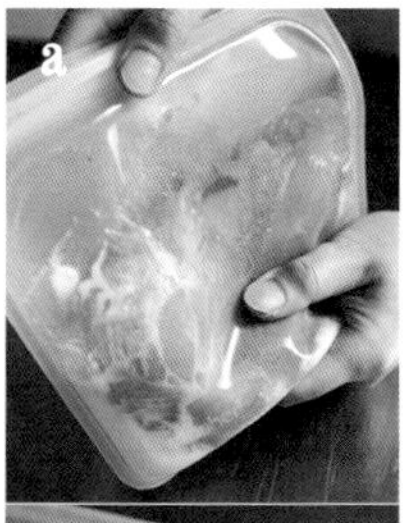

さば缶とオクラの 発酵カレールウ炒め

缶詰を使った簡単な魚料理。旨味が凝縮した缶汁も活用して

玉ねぎ醤

発酵カレールウ

［ 材料 ］2人分

さば缶……1/2缶（汁ごと）
ピーマン……1個
オクラ……3本
玉ねぎ醤（P100）……小さじ1/2強
発酵カレールウ（P109）……大さじ1
オリーブオイル……小さじ1
イタリアンパセリ……少々

memo：
じゃがいもや大根、カリフラワーなど、季節の野菜にかえてアレンジ自在です。

［ 作り方 ］

煮る

1 ピーマンはヘタと種を取り、一口大に切る。オクラはヘタを落としてガクをむき、斜め切りにする。
2 フライパンにオリーブオイルを熱し、1を入れ、あまり触らずに焼き色をつける（a）。蓋をして1〜2分蒸し焼きにする。
3 一旦火を止め、玉ねぎ醤と発酵カレールウ、さば缶を加え（b）、缶汁で調味料をのばす。
4 再び火をつけ、さばを木べらでほぐしながら全体に調味料をからめる。
5 器に盛り、ちぎったイタリアンパセリをのせる。

子どもと一緒に食べられる辛くないスパイスカレー

発酵チキンカレー

甘酒　塩麹　発酵ケチャップ　発酵カレールウ　みそ　玉ねぎ醤

［ **材料** ］ 4皿分

鶏もも肉（一口大に切る）……300g
塩麹（P15）……大さじ1と1/2
玉ねぎ（みじん切り）……1個分
にんじん（みじん切り）……1/2本分
トマト（一口大に切る）……1個分
にんにく（みじん切り）……1かけ分
しょうが（すりおろし）……1かけ分
発酵カレールウ（P109）……80g
玉ねぎ醤（P100）……40g

A
ココナッツミルク・無塩トマトジュース……各200g
水……200mℓ
ローリエ……1枚

B
甘酒（P17）……大さじ4
発酵ケチャップ（P108）……大さじ1
みそ・しょうゆ……各小さじ1

オリーブオイル……大さじ2
ターメリックライス（＊）……4皿分

［ **作り方** ］

発酵タイム

1
鶏肉はジッパー付の袋に入れて塩麹をもみ込み、冷蔵庫で30分～一晩、発酵漬けおきする。

a

b

c

煮込む

2
鍋にオリーブオイルを熱し、玉ねぎ、にんじん、塩ひとつまみ（分量外）を入れ、5分ほど炒める。

3
にんにく、しょうがを加えてさらに1分ほど炒める。

4
発酵カレールウを加え（a）、1分ほど炒める。

5
トマトと玉ねぎ醤を加え（b）、水分が出てくるまで2分ほど炒める。

6
鶏肉を加え、表面が白くなるまで2分ほど炒める。

7
混ぜ合わせた**A**を加えてフツフツしてきたら、蓋をして5分ほど煮込む。

8
混ぜ合わせた**B**を加え（c）、2分ほど煮込む。

ターメリックライス

［ **材料と作り方** ］ 作りやすい分量
米2合は洗ってザルに上げ、炊飯器の内釜に入れる。2合の目盛りまで水を加え、ターメリックパウダー小さじ1/3を入れて炊飯する。

大人の後がけスパイスオイル

盛りつけたカレーの上から、スパイスオイルを回しかける

［ **材料と作り方** ］ 作りやすい分量

1 鍋にオリーブオイル大さじ2と赤唐辛子1〜2本、マスタードシード大さじ1を入れて中火にかける。マスタードシードがはじけてきたらクミンシード大さじ1を加えて蓋をし、はじけ終わる頃に蓋を開けてガラムマサラ小さじ1/2を加え（a）、鍋を揺すってなじませ、火を止める。

2 熱いうちにカレーの上からスパイスオイルを回しかける。

memo：
お好みでパクチーやイタリアンパセリをのせ、醤スパイス卵（P19）と一緒にどうぞ。辛さを足したいときはチリパウダーやカイエンペッパーをかけて。

a

市販のコンソメやルウ、小麦粉、バターなしでできる！

発酵ハヤシライス

醤
発酵ケチャップ
玉ねぎ醤

［ 材料 ］4皿分

牛薄切り肉……150g

A
- 醤（P16）……大さじ1
- 赤ワイン……大さじ3〜4

玉ねぎ（くし形切り）……1個分

にんにく（みじん切り）……1/2個分

マッシュルーム（薄切り）……6個分

B
- 発酵ケチャップ（P109）……80g
- 醤……45g（またはみそ20g〜）
- 玉ねぎ醤（P100）……60g

赤ワイン……200mℓ

C
- 無塩トマトジュース……200g
- りんごジュース……100g
- 水……50g
- ローリエ……1枚

オリーブオイル……大さじ2

塩……少々

ごはん……4皿分

［ 作り方 ］

発酵タイム

1
牛肉はジッパー付の袋に入れてAをもみ込み、冷蔵庫で30分〜一晩、発酵漬けおきする。

煮込む

a

b

c

2
鍋にオリーブオイルを熱し、玉ねぎ、塩ひとつまみ（分量外）を入れて1分ほど炒める。

3
にんにくを加えて2分ほど炒め、マッシュルームを加えてさらに1分ほど炒める。

4
牛肉を加え、色が変わる程度に炒める（a）。

5
混ぜ合わせたBを加え（b）、旨味を凝縮させるように1分ほど炒める。

6
赤ワインを加え、蓋を開けたまま中火で3分ほど煮詰め、アルコールを飛ばす。

7
混ぜ合わせたCを加え（c）、蓋をして5分ほど煮て、塩で味をととのえる。ごはんと一緒に器に盛る。

memo：
赤ワインは渋味、酸味が特別強すぎないものがおすすめです。

ごはんにのせて焼けばドリアに。甘味を足すには甘酒かはちみつを

ミートソーススパゲッティ

甘酒
玉ねぎ醤
発酵ケチャップ

［材料］2人分
牛ひき肉……200g
A　甘酒（P17）……大さじ2
　　塩……ふたつまみ
にんにく（みじん切り）……1かけ分
オリーブオイル……小さじ1
玉ねぎ醤（P100）……大さじ1
発酵ケチャップ（P108）……200g
スパゲッティ……160g
塩……ゆでる湯の1％
粉チーズ……適宜

［作り方］

発酵タイム

1
ボウルにひき肉、Aを入れてよく混ぜ、ラップに包んで冷蔵庫で一晩、発酵漬けおきする（a）。

煮込む

2
鍋にオリーブオイルを熱し、にんにく、1、玉ねぎ醤を入れ（b）、炒める。肉の色が変わったら発酵ケチャップを加えて一煮立ちさせる（c）。

3
塩を入れた湯でスパゲッティを袋の表示通りにゆで、器に盛り、ミートソースをたっぷりかける。お好みで粉チーズをかける。

memo：
パセリのみじん切りをかけてもおいしいです。

辛さを調整できる！

甘酒コチュジャンを作ってみよう

甘酒　醤

甘酒にひと手間を加えた簡単コチュジャン。
手作りなので、自分好みの辛さに調整できます。
肉、魚介、野菜などにも幅広く使えます。

【加熱なしの保存期間】 冷蔵3週間／冷凍1カ月
【加熱ありの保存期間】 冷蔵2カ月／冷凍3カ月

［材料］ 作りやすい分量

甘酒（P17）……80g
粉唐辛子（韓国唐辛子）……6g
（お好みで4～8gの間で調整）
塩……8g
醤（P16）……8g
にんにく（すりおろし）……小さじ1
しょうが（すりおろし）……小さじ1

［作り方］

ボウルに材料をすべて入れてよく混ぜ（a）、清潔な容器に入れる。または、鍋に材料をすべて入れ、フツフツとするまで火入れし、清潔な容器に入れる。冷蔵庫で保存する。

a

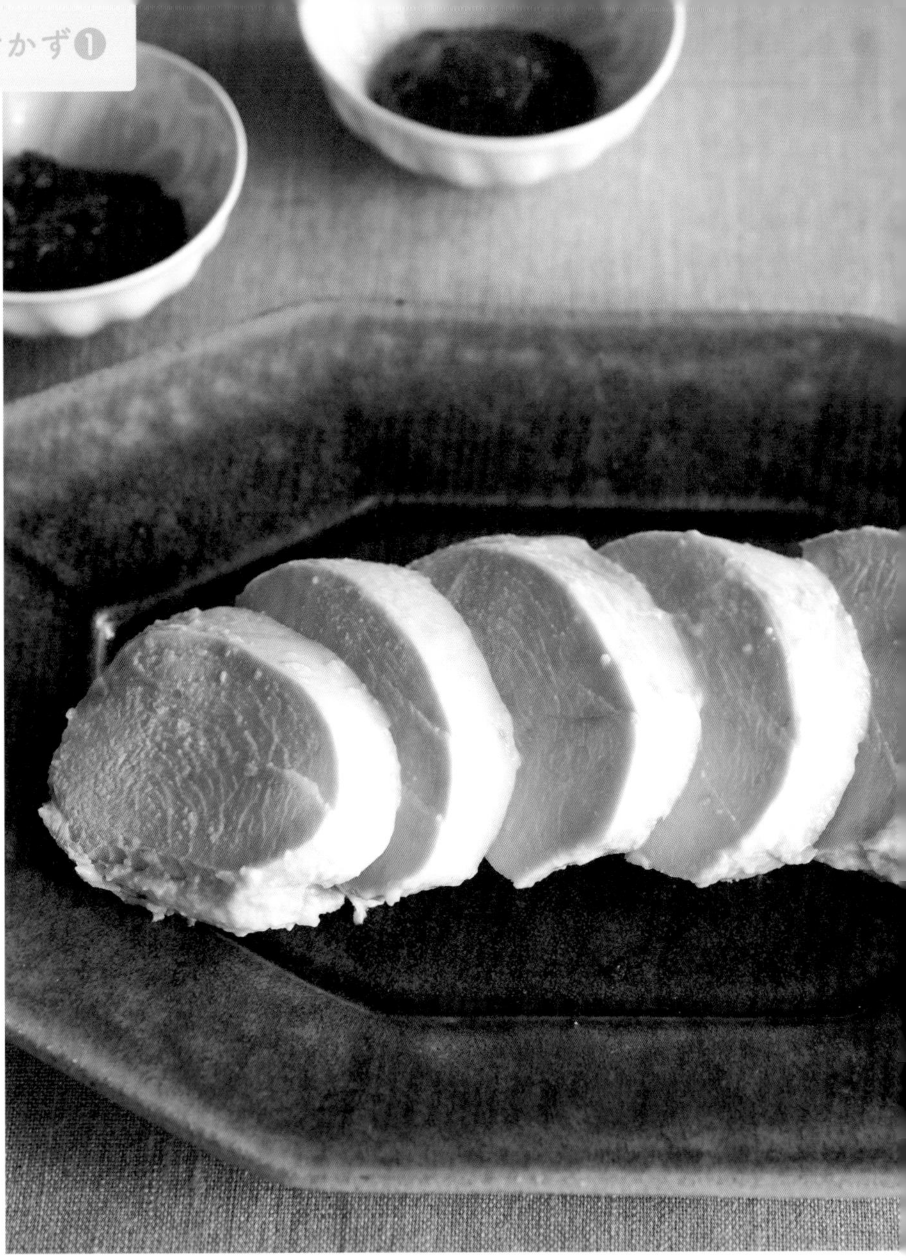

発酵サラダチキン

2種のディップ

しっとりやわらか。人気のサラダチキンを発酵バージョンで

塩麹　甘酒　甘酒コチュジャン　醤

［材料］ 2人分

鶏むね肉……300g
塩麹（P15）……大さじ2
甘酒（P17）……大さじ2
ローリエ……1枚
〈甘酒コチュジャンディップ〉
　甘酒コチュジャン（P120）……大さじ1
　米酢……小さじ1
〈ハニーマスタードディップ〉
　醤（P16）……大さじ1
　はちみつ・粒マスタード……各小さじ1
　米酢……小さじ1/2

［作り方］

発酵タイム

1 鶏肉は皮を取り、余分な水分をペーパータオルで拭く。
2 甘酒と塩麹を混ぜて鶏肉の両面に塗り、ローリエと一緒にジッパー付きの袋に入れて空気を抜き（a）、冷蔵庫で一晩、発酵漬けおきする。

加熱する

3 2を冷蔵庫から取り出して室温に戻し、炊飯器の内釜に入れる。熱湯をかぶるまで注ぎ、重しをし（b）、浮いてこないようにする。保温ボタンを押して蓋をする。1時間ほど経ったら取り出し、粗熱が取れたら冷蔵庫で冷やす。
4 お好みの厚さに切って器に盛り、混ぜ合わせたディップを添える。

a

b

思い立ったらすぐ作れるキムチ。2通りの作り方で味比べしても◎

即席白菜キムチ

甘酒コチュジャン

【発酵漬けおき】冷蔵1週間

［材料］2人分

白菜……2枚

A
- 甘酒コチュジャン（P120）……大さじ2
- ナンプラー……小さじ1
- 米酢……小さじ1/2

1

［作り方］

発酵タイム

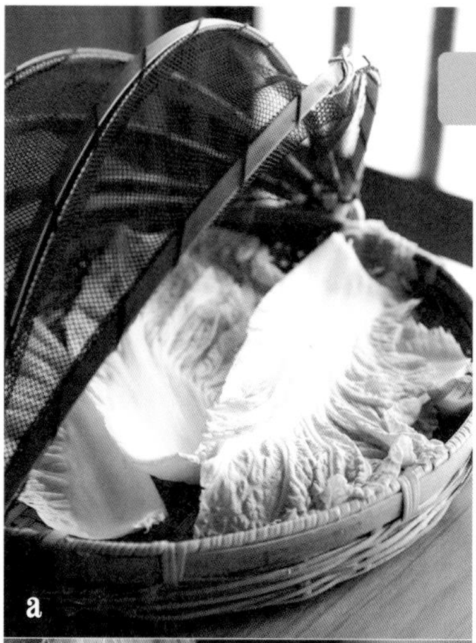

a

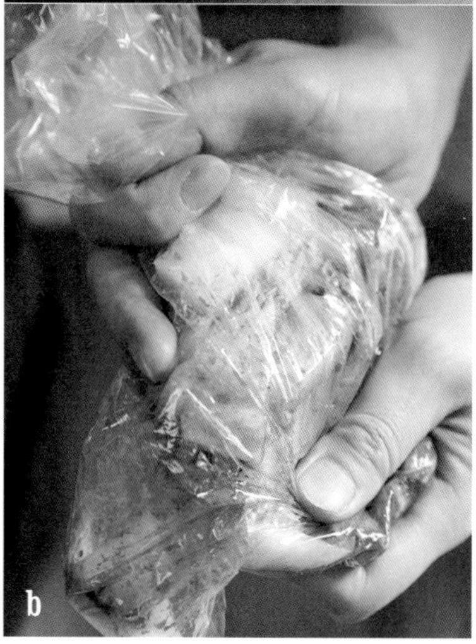

b

1

白菜はザルなどにのせ、ベランダなどで数時間～半日干す（a）。

2

食べやすい大きさに切り、ポリ袋に入れ、**A**を加えてよくもみ（b）、30分以上おく。

2

［作り方］

発酵タイム

c

1

白菜を食べやすい大きさに切り、重量の1％の塩（分量外）をよくもみ込んでしばらくおき、水けを絞る（c）。

2

ポリ袋に入れ、**A**を加えてよくもみ、30分以上おく。

memo：
①はギュッと凝縮された味に、②はみずみずしいしいサラダ感覚のキムチに。どちらも冷蔵庫で1週間ほど保存可能で、時間が経つごとに味がしっかりと入っていきます。にらを入れてもパンチがきいておいしいです。大根、かぶでもお試しください。

発酵えびチリ

下ごしらえで臭みを取るから、発酵調味料がグッとおいしく入る

甘酒　発酵ケチャップ　甘酒コチュジャン　みそ

［材料］2人分

えび……200g（14尾程度）

A
- 塩……ひとつまみ
- 片栗粉……小さじ2

B
- 塩……ひとつまみ
- 甘酒（P17）……大さじ1
- 酒……小さじ1

片栗粉……大さじ1

ごま油……大さじ1

にんにく（みじん切り）……1かけ分

しょうが（みじん切り）……1かけ分

青ねぎ（小口切り）……1本分

C
- 発酵ケチャップ（P108）……大さじ2
- 甘酒コチュジャン（P120）……大さじ1

〈合わせ調味料〉
- 水……150mℓ
- 甘酒（P17）・みそ……各小さじ1
- しょうゆ・酒……小さじ各1/2

水溶き片栗粉……水小さじ2、片栗粉小さじ1

［作り方］

発酵タイム

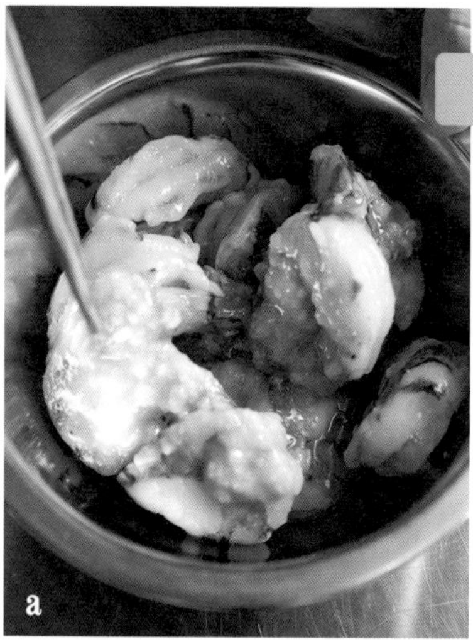

a

1

えびは殻と尾を取り、背中に包丁で切り込みを入れて背ワタを取る。ボウルにAとともに入れてよくもんで汚れを落とし、流水で濁らなくなるまで洗い、水けをペーパータオルで拭く。再びボウルに入れ、Bをまぶし（a）、30分～数時間、発酵漬けおきする。調理直前に片栗粉を全体にまぶす。

炒める

b

2

フライパンにごま油小さじ1を入れ、えびを重ならないように置き、中火で表面だけ少し焼き色がつく程度に両面焼く（b）（中まで火を通さなくてよい）。一旦ボウルに取り出しておく。

c

3

キレイに拭いた2のフライパンにごま油小さじ2を入れ、にんにく、しょうがを弱火で炒め、香りが出てきたら、C、青ねぎを加え（c）、中火で全体をよくなじませる。

d

4

合わせ調味料を加えて全体をよく混ぜ、えびを戻し入れ（d）、フツフツと1分ほど煮たら、水溶き片栗粉でとろみをつける。

さくいん

肉類・肉加工品

魚介類・魚加工品・海藻類

野菜・野菜加工品

いも類・いも加工品

きのこ類

大豆加工品

果実類・果実加工品

種実類・種実加工品

卵・乳製品

主食・皮

著者　清水紫織

発酵料理教室「神楽坂発酵美人堂」店主。日本ソムリエ協会認定ソムリエの資格を持つ。自身のアレルギー発症と妊娠をきっかけに、体質や腸内環境の改善を模索し、発酵食品の魅力を知る。発酵料理人の伏木暢顕氏に師事し、東京農業大学醸造科学科で学びを深める。教室では「美人の素は腸にあり!」をコンセプトに、発酵食品の仕込みや発酵食品を使った料理を教える。手軽に発酵を楽しめ、簡単でおいしいと評判。また、「0歳からの腸活」を掲げ、キッズ教室など食育にも力を注ぐ。

美人堂INFO

発酵文化を継承していくため、昔ながらの醸造法を守っている蔵で現代に取り入れやすいオリジナル商品を製造、販売している。

オンラインショップ
https://hakkobijin.base.shop

はじめてでも、とびきりおいしくなる!

発《はっ》酵《こう》料《りょう》理《り》のきほん

著　者　清水紫織
編　者　朝日新聞出版
発行者　片桐圭子
発行所　朝日新聞出版
〒104-8011 東京都中央区築地 5-3-2
（お問い合わせ） infojitsuyo@asahi.com
印刷所　大日本印刷株式会社

Published in Japan by Asahi Shimbun Publications Inc.
ISBN　978-4-02-334040-4

定価はカバーに表示してあります。
落丁・乱丁の場合は弊社業務部（電話 03-5540-7800）へご連絡ください。
送料弊社負担にてお取り替えいたします。

撮影	野口健志
デザイン	藤田康平
スタイリング	吉岡彰子
調理アシスタント	野口剛
編集協力／執筆協力	丸山みき（SORA 企画）
編集アシスタント	大森奈津
DTP	白井裕美子
企画・編集	森香織（朝日新聞出版　生活・文化編集部）